JN235675

イロハニ歳時記　猪本典子

まだ寒い日曜日の夕方、ビールのつまみにとそら豆をゆでている時ふと、そら豆の季節っていつだったっけ？
とかたわらにいる友人に問いかけた。
あれっ、いつだっけ？　と二人して考えこむことしばし。夏の初めが旬だったよね、と子供時分を回想してみる。
そら豆好きだから、ほぼ1年中食べられるのはうれしいんだけど、
汗ばむ季節もセーター着こんでいる季節もそら豆をゆでていると、小さな混乱が生じるのよね、今いつだったっけって。
季節に関係なく好きなものを好きな時に食べたり、花だって望めば冬咲きのものも夏に手に入る。
ありがたいよね、撮影の時なんかとくに。
でも、柳の新芽がゆらいでいるのを目にするとあーもう春なんだなとか、
山椒の実のピリリが気持ちいいのは暑いからなんだなとか、
なんともいえない小さな季節の喜びや楽しみにシミジミしてしまうんですねェ、ここ数年。
このシミジミ感って何なんだろう。齢をとってきたせい？　きっとそれもある。
しかし10年近く暮らした不便づくめのパリからもどって、東京ってなんて便利で快適なところだろうと思ったと同時に、
ゆるゆるとあるいは突然に移り変わる季節の空の色や風の匂いや草花の様子を、あらためて知ったというのだろうか。
いいんだ、ほんとこれがシミジミと。
季節ごとにお肌のケアもかえないと、みたいなね。
小松菜を洗っている時、葉の間からさくらの花びらがヒラリと一枚でてきたりすると、思わず感じいる。
青いあじさいは雨が降っているとますます青い色がさえわたって、梅雨もそんなにうっとおしくないかという日もある。
うちにも外にも、ちょっとした季節とのふれあいがたくさんあるんですね。
イロハニ歳時記は、おうちの中で感じる季節といいましょうか、
今はいつだっけという時ちょいと役に立つかもという、季節のいろは、かな。

もくじ

イロハニ歳時記

節分草

春めく

お昼すぎに眠気を覚えると、時間がある時は昼寝をする。ウトウトしだしてから眠りに落ちるまでの、頭やからだのうすらぼんやりとしたこうこつ感、昼間だからなおいいのだろうか。
この時、遠くを走る電車や車、ヘリコプター、鳥の声などの音がボワーンと膨張してやわらかく聞こえてくると、ああもう暖かくなってきてるんだと感じたりする。ホント、寒くなっていく頃には、こういった音がキーンとさえて、遠ざかっていくように聞こえるから。
春の音が聞こえるようになったら、しばらくすると春一番が吹く。
春一番といえば、高校生の頃に春一番コンサートというライヴの手伝いをしていたっけ。70年代のフォーク、ロック、ブルース系の日本人ミュージシャン、憂歌団とか浅川マキとか久保田真琴と夕焼け楽団とか中川五郎とかセンチメンタル・シティ・ロマンスとか大塚まさじとか有山淳司とかカルメン・マキとか、大挙出演してね。背中に春一番てプリントされたTシャツ着て、はり切ってやってましたよ。会場の整備とか飲み物売ったり。
春めいてきたある日、日光の二荒山神社に出かけた。東京よりは少し温度が低いだろうが、足もとはもう冷たくない。東照宮と比べると極度に色彩のない神社は、野太くさっぱりとしたたたずまいで、せいせいとした気持ちにしてくれる。
杉の匂いだ、と深呼吸しようとした瞬間突風が吹いた。ははは、忘れてました、私は十数年来の花粉症、どうしてこの時期にこの杉の産地に来たのだろう。鼻水をかみかみ、上野行きの列車に乗ったのだった。

花材：春咲きクリスマスローズ
　　　そら豆
　　　えんどう豆
　　　スナックえんどう
　　　芽キャベツ
花器：さびた鉄のかご

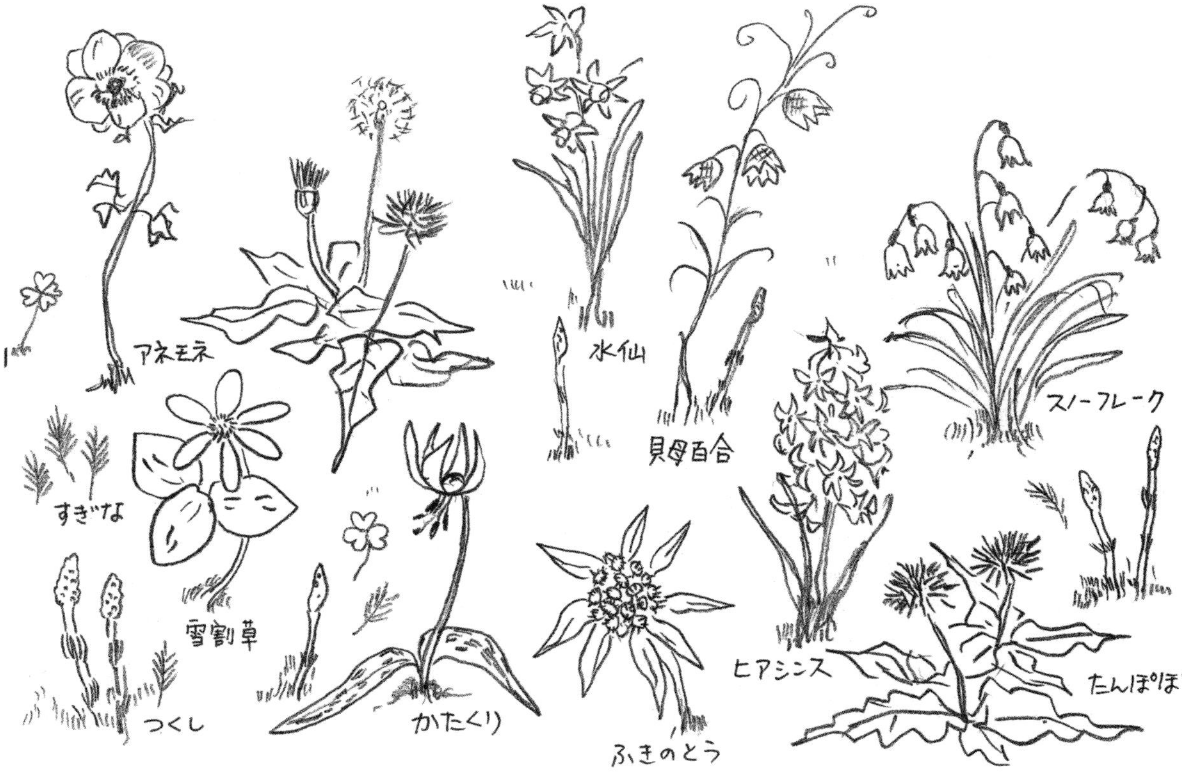
アネモネ
水仙
貝母百合
スノーフレーク
すぎな
雪割草
かたくり
ふきのとう
ヒアシンス
たんぽぽ
つくし

つばき

13

つばき

つばき

何年か前、地下鉄で乗り合わせた老婦人が、黒っぽい花を一輪つけたつばきの苗木をたずさえていた。これって珍しい黒つばきですか？　とぶしつけだとは知りつつ声をかけた。そうなのよ、日比谷公園の植木市でね、でも今日の5時までですってという返事。そうですか、残念。きれいですね、この花、と言う私に、ありがとうと老婦人はニコリとした。

一度生けてみたいなと思っていて、なかなか手に入れることができなかった黒つばき。そうしたらある時、花人の川瀬敏郎さんから、黒つばきを一枝いただく機会があった。一輪は七分ほど咲き、あとふたつ、つぼみがある。新聞紙を何重にも巻き、花がボロッと取れないように、そおっとそおっと家へ持って帰った。ずいぶんと昔、子猫をもらって、大事に大事に手のひらの中に抱っこして帰ったのを、チラリと思い出した。

㋑ 侘助つばき

風月堂の牛肥。
菓子皿は杉本立夫作。

㋺ むかごのつぼみ見立て

むかごはつばきのつぼみに似ている。むかごを塩でゆでて、つばきの花や、葉と皿に盛る。だ円皿は、クリスチアーヌ・ペロション作。

㋩ つばきを浮かべる

つばきの花は匂いがしないのでジンベースのカクテルや日本酒などに浮かべても、じゃまにならない。鉢は、アラール・ド・ヴィラット作。

㊁ つばきずし（4人分）

—米　　　：2合
—小さな鯛：1尾
—すし酢　：酢40cc、塩小さじ2杯弱、さとう小さじ2杯
—昆布
—つばきの葉：8枚

1. 水につけた昆布をふっ湯させ、ひきあげる。洗った米を熱い昆布出汁で炊く。
2. 鯛に塩をして焼き、身をほぐしておく。
3. 酢、塩、さとうをよく混ぜあわせてすし酢を作る。それぞれの分量は好みで調整する。
4. ごはんが炊きあがったら、底の浅い容器にうつし、すし酢を全体にゆきわたるようにかけ、しゃもじで切るようにして混ぜ合わせる。うちわなどであおぎながら混ぜると酢がよくなじみ、ごはんにツヤがでる。
5. 4に2を混ぜ、茶碗半分くらいの量を握る。きれいに洗ったつばきの葉をのせ、皿につばきを一枝そえる。皿は、クリスチアーヌ・ペロション作。

チョコレート色

je t'aime
joyeux
St. Valentin
joyeux
st. Valentin
Liquitex
ACRYLIQUE

チョコレート色

チョコレート色（ヴァレンタインデー）

もう20年も前になるだろうか、Oliveという少女雑誌の仕事をしていた時、ヴァレンタインデーの特集でチョコレートを作ることになった。
溶かして、型に流して、固めればいいんでしょう、と始めてみたらけっこうたいへん。チョコレートは湯せんして溶かすってことは知っていたけれど、やってもやっても分離して、なんだか八丁みそのような状態になってくる。
お料理の先生をしているあっちゃんに電話して、どうしようチョコ分離しちゃうよ、とうったえると、それは湯せんの温度が高いからじゃない？　30℃くらいにしないと、もしくはお酒を入れすぎたかも、というアドバイスをもらったのだ。
さっそく試してみる。またできない。また電話。どうしてできないんだろう、といろいろ問題をさぐっていった結果、湯せんの鍋が下の鍋の底についていて、チョコレートの温度が上がりすぎるということがわかった。
今度は鍋をかえてやってみる。うまくトロトロとしてきた。そして自分で作ったパレットや花の型の中に流しこんで、なんとか完成にこぎつけた次第。いや完成はまだか、なにしろこれらのチョコレートをラッピングするのが、私の仕事だったんだから。
しかしあの頃は狭いワンルームに住んでいたので、たび重なる失敗のためチョコレートの匂いが充満しちゃって、当分、チョコを見たくなかった。しばらくの間チョコレートを食べなかったが、パリに住み始めるとまた口にするようになった。最初の冬をむかえた頃、慣れないモロモロのことに疲れていたのか、体も心も寒かったのよね。甘いもの、それも濃厚な、という欲求が強くなって、学校帰りには、ほぼ毎日ホットチョコレートを飲んだ。そうして春になると、顔に吹出ものが。
チョコレートの扱いはたいへんです。

片山正通さんがデザインした
巨大な板チョコのマット，
欲しいです，とっても。

㋑ ミニキャンバスのカード

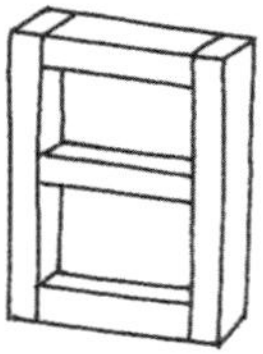

—キャンバス地
—角材7ミリ角のもの：80ミリ×2本
　　　　　　　　　　：46ミリ×3本
—ガンタッカー
—小さいくぎ
—木工用ボンド
—チョコレート色のリキテックス

1. 80ミリ×60ミリのキャンバスを作る。角材を図のように組み合わせ、木工用ボンドで接着する。
2. 枠組みがしっかりくっついたら、キャンバス地を枠より二まわりくらい大きく切る。
3. キャンバス地をピンと張り、裏側をガンタッカーでとめる。
4. 側面に小さなくぎを打ちつけていく。
5. キャンバスができたら、紙かビニールで筒を作り、チョコレート色のリキテックスをつめて、メッセージを書く。

㋺ チョコレートをハート型に削る

㋩ caffarel のハマキ型チョコレート

㋥ ホットチョコレート

ルイ・ヴィトンの袋はチョコレート色。GIジョーの洋服を組みこんでランチョンマットにする。

㋭ チョコレートフォンデュ（2人分）

—板チョコレート（カカオ65〜70%くらいのもの）：100g
—さくらんぼ
—ラズベリー

1. 金属のかごの中にろうそくを仕込んで、上に水を張ったストーブ用の小さなル・クルーゼの鍋をのせて温める。
2. ガラスの耐熱ボウルに削ったチョコレートを入れ、1の中に浮かべ湯せんにかける。
3. チョコレートが溶けだしたら、さくらんぼやラズベリーをつける。

㋬ 葉っぱ型のチョコレート

—板チョコレート：50g
—ヴァニラビーンズ
—麻ひも
—つたの葉

1. チョコレートを湯せんにかける。つたの葉は茎もつけておく。
2. きれいに洗って水分をふいた葉に、溶けたチョコレートをナイフなどでさっとぬる。
3. チョコレートが固まったら、茎の方から葉をはがす。
4. 茎に麻ひもを結び、ヴァニラビーンズに巻きつける。バラやオリーヴの葉なども使える。

AIGUILLES
A CANEVAS
le Sceptre

CHATEAU
CALON-SÉGUR

ハートのかたち（ホワイトデー）

ヴァレンタインデーやホワイトデーが近づいてくると、ハート型やハート柄のものがやたらと目につく。ベタだなァ、と思うものの、ハートのかたちはやはりキュートだ。
私も海辺や河原でひろいものをする時、必ずハート型の石ころやさんごを見つけるものなあ。朽ちることのない乙女心ってことでしょうか。
「ふたつ文字、牛の角文字すぐな文字、ゆがみ文字とぞ君は覚ゆる」と、後嵯峨天皇の第二皇女、悦子内親王は詠んだ。
ふたつ文字とは「こ」、牛の角文字は「い」、すぐな文字は「し」、ゆがみ文字は「く」、すなわち恋しくとぞ君は覚ゆる、っていう暗号のようなラブレターなんですね。
さあて、暗号をわかってくれる人ならよし、わかってくれなきゃ、やはりストレートにハート型ですかね。

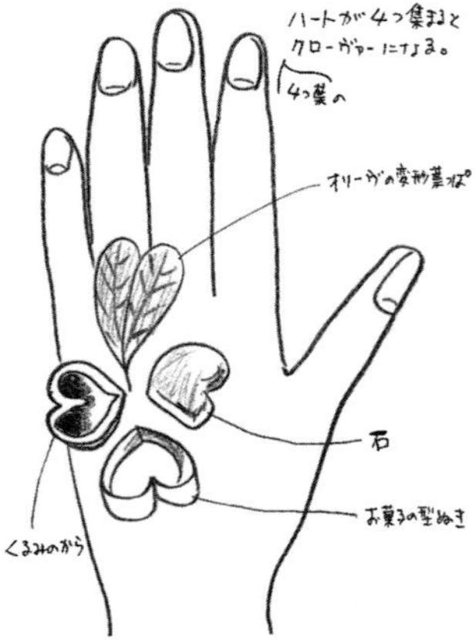

㋑ ハートの葉っぱ

右上から時計まわりに、シンゴニウム、アイビー（ナターシャ）、隣りの二枚の葉はオリーヴの変形葉、ごくごく小さい葉はオシロイバナの若葉、アカネスミレ、ヤマノイモ、クローヴァーをはさんで二枚の葉はフィカスプミラ、クローヴァー、ドクダミ、つるの五葉はオニドコロ、ドクダミ、ハートカズラ、フィカスプミラ、中心の小さな葉はハートカズラ。

㋺ ハート型フロマージュブラン

—フロマージュブラン
—はちみつ
—ハート型の容器
—白いパンジー
—トッピング用ミモザ

1. ハート型の容器の底にはちみつをしき、上からフロマージュブランをおおう。
2. よく洗ってふいた白いパンジーの花を中心に飾り、まわりにミモザを散らす。

食べる時にはちみつとよくかき混ぜる。はちみつのかわりに、いちごや木いちごのソース、メープルシロップなどでも。

㋩ ハートのかたち

ひろったハート型の石や、くるみのから、さんご、ハートのかたちが刻印されたワインのコルク栓。

㊁ ハート型のパスタ

—ハート型のパスタ（ラブパスタ／ダラ コスタ）：120g
—ズッキーニの花：4本
—オリーヴ油
—赤唐辛子
—にんにく
—塩、こしょう

1. ズッキーニの花を、オリーヴ油で素揚げする。
2. フライパンにオリーヴ油、赤唐辛子、にんにくを入れ熱し、油に香りがついたら赤唐辛子とにんにくを出す。塩、こしょうする。
3. ズッキーニの花のフライのまわりにゆでたハート型のパスタをそえ、2の油をまわしかける。

ふきのとう・こごみ

パンジー

ふきのとう・こごみ

油あげを半分に切って、やぶれないようにそっと、ふきみそをつめて焼く。はつか大根やかぶをうす切りにしてさっとゆで、ふきみそをつける。
春になると、お酒のつまみにふきみそをよく使う。ほろ苦い味と土くさい香りをかぎながらの晩しゃくは、やけに大人っぽいって。
子供時分には、ふきのとうやたらの芽、こごみなどの山菜なんて食べものの範疇に入っていなかったかも。それがどうでしょう、〆鯖をおいしく感じるようになってきたのと同じで、今は山菜にしみじみ滋味を覚える。
ふきのとうが出回るとふきみそを作り、こごみは八方出汁で煮る。たらの芽やつくしは直火で焼いて塩で食べ、うるいはおひたしにする。のびるだけ、ちょっと苦手。
新潟出身の知人が、東京ってこごみが高いのでびっくり、うちの方では、家の裏で採り放題だからと言っていた。そうかも、ホントに山菜って、東京じゃ高級野菜よね。

花材：ふきのとう
　　　こごみ
　　　やりがいくん
花器：銅の花器、鉄の皿

ふきみそ

—ふきのとう：7〜8コ
—みそ　　　：150ｇ
—太白ごま油
—酒　　　　：50cc
—みりん　　：少々

1. ふきのとうをみじん切りにし、ごま油で炒める。
2. 1にみそ、酒、みりんを加え、水分がとぶまで中火で練る。

パンジー

パンジーの花を見ていると、何かものを言いたげで、どうしたのとしゃがみこんで声をかけたくなる。これって道端にひょっこりいるのら猫に、声をかける感じに似ているかも。パンジーの花色は相当豊富で、ちょっとえんじ色っぽいけれど赤、白、黄、青、オレンジ、ピンクと、ほとんどの色がそろう。それぞれにまたもようが違うので、困った顔、うれしい顔、泣いている顔、考えごとしている顔、に見えるような。そうそう、猫の肉球のようにも見えるパンジーの花もある。この間、電車に乗っていたら、隣の人が猫の肉球占いっていうのを読んでいたけれど、パンジーの柄でも占いできるんじゃないかしら。作ってみようかなあ、パンジー占いの本。

出演：ウンチビ
花材：パンジー
花器：ストロー素材のかご

ひしもちの色

ひしもちの色

ハ | ニ

ひしもちの色

ひしもちの桃色、雪白色、萌木色の3色は春の訪れを表わす色。山の中にはまだまっ白な雪が残っているけれど、もうすぐ芽を出そうとする雪の下萌えがあり、見上げると桃の花がふくらみ始めている、という臨場感にあふれた色合いなんですね。
ひな祭り時分になると、桃の花と菜の花がセットで売られていたりするけれど、こちらも桃色と黄色の春の野の色合せなんでしょう。

㋑ チューリップのぼんぼり

ひな飾りのぼんぼりを見ると、つい猫のほっぺを連想してしまうのは私だけかな。

—うすいピンクのチューリップ：2輪
—白いチューリップ　　　　：2輪
—マリモ（ガーベラの一種）　：2輪

1. チューリップの花弁をいためないようそっと茎やおしべ、めしべを取りのぞく。茎を完全に取ってしまうと、花弁がバラバラになるので少し残す。
2. 同じ色同士のチューリップを重ね、茎を切ったマリモを中心に置く。

㋺ 桃の菓子

桃の生菓子を白磁の皿にのせると、雪の上に桃の花があるように見える。
白磁の皿は、加藤委作。

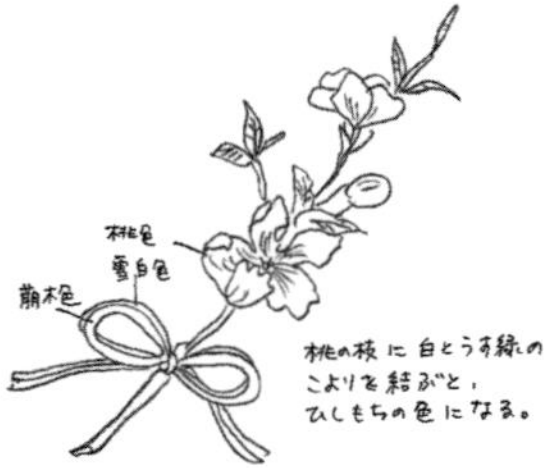

㋩ かぶと紅芯大根のサラダ（4人分）

紅芯大根は中国野菜。見かけは表皮が黄緑色で、切ると中心部分が紅色になっている。うすく切って塩もみし、〆鯖と食べたりしてもおいしいし、きれい。

—かぶ　　　　　　　：4コ
—紅芯大根　　　　　：1/2本
—芽かぶ　　　　　　：4コ
—オリーヴ油　　　　：大さじ3杯
—白いバルサミコ酢：大さじ1杯
—塩、こしょう

1. かぶは皮をむいて、中をくりぬき、軽く塩をふっておく。
2. 芽かぶも洗って、塩をふっておく。
3. 紅芯大根の皮をむき、紅色、白色、緑色がうまく混じり合った部分を1cm角のサイコロ切りにし、オリーヴ油、白いバルサミコ酢、塩、こしょうで和え、1の中につめる。
4. 3に2をひとつずつのせる。

㋥ わさび葉の茶たく

緑茶を白い磁器の茶杯に注ぎ、桃の花を浮かべる。ハート型のわさび葉を茶たくがわりにする。

イ
ロ
ハ

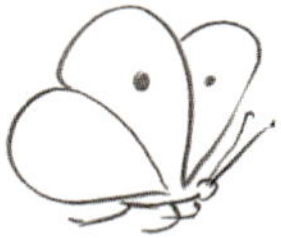

菜の花

桃の節句

今でこそ人形遊びはしなくなったが（していたら恐ろしいよね）、ミニチュアのこまごましたものにはどうしても夢中になる。食玩だって買ったりするものな。一時はまったのが、和食三昧シリーズ。てんぷらセット、赤飯と鯛の塩焼きの祝い膳セット、おでんセットなどそれはそれはミニチュアマニア心をくすぐる、いいものだった。どうしても当たらないのがしゃぶしゃぶセットで、ついには同好の士と、私が持っている違うシリーズのものを交換して手に入れた。
京都の河原町にある中華料理店のウィンドーには、ぎょうざやラーメン、小籠包、シューマイなどのミニチュアが30種類ほど並んでいる。入ったことはないが、いつもこの店の前でしばし足を止める。
ひな人形というのも、いろいろなお道具類で女の子がお作法を知るためのものだったんでしょ？　私のお作法、まちがった方向にきちゃったのかもしれないけど、一年に一度、タイのミニチュアのめん屋台を出してひな祭り祝ってます。

㋑ 桃まんじゅう
小洞天の中華の桃まんじゅう。
タイのミニチュアのかごに桃の花を一輪。

㋺ 桃の花
ひな道具の錫製の瓶に、桃とラナンキュラスを生ける。

㋩ ミニチュアめん屋台
高さ14cm×幅15cm×奥行7cmのミニチュア。
めんが3種類、手描きのどんぶり、線香、仏像、すごく精巧な出来ぐあい。バンコクのお店の人に、タイの人の1カ月分くらいの給料だと言われた。

菜の花

東京から新幹線に乗って30分もすると、景色が広々としてくる。春なら、菜の花畑の黄色が車窓に反射する。

パリからTGVに乗っても同じで、田園地帯に菜の花畑と思っていたら、ブロッコリーの花だったのだが、えんえんと黄色い平面が続いていく。

黄色、とくに菜の花やブロッコリーの花の透明感がある明るい黄色は、のんびりとした様子があって、思わず気がゆるんでしまう。だから車内で駅弁を食べて、ぼんやりと菜の花畑を眺めていたら、ついウトウトしてしまうのだ。

菜の花には少しにが味がある。ヒャーって涙が出るくらい辛子たっぷり辛子和え、アンチョビとソテーしてパスタに混ぜたりしては、春の間よく食べる。

辻留の料理本で読んだ菜の花の卵とじ、これって毎春作ってみるんだけど、一度も成功したことがない。いつも出汁が多すぎちゃって、卵とじじゃなく、卵すまし汁になってしまう。出汁を減らせばいいのだが、どういうわけか。

そう言えば卵丼も卵雑炊のようになるし、もしかして卵料理を作るのへたなのかしら。それとも卵の黄色さに、気がゆるみ過ぎてしまうのだろうか。

花材：菜の花
モナリザ
アネモネ
八重咲きのアネモネ
ヒアシンス
フェンネル

花器：陶器にペイントした花瓶

花まつり

花まつり

花まつり

桃が咲き、沈丁花の香りがし、桜のつぼみもほころびだす。空を見上げても、足元をのぞいても、そこかしこに花があり、甘い匂いがかぐわしい。
4月8日は、お釈迦様の誕生日。花まつりと呼ばれるけれど、この世のすべての花が集うようで、ホント、いいネーミングだと思う。
フィレンツェのウフィッツィ美術館にあるボッティチェリのプリマヴェーラの絵も、ヒアシンス、サフラン、バラ、ミルテ、オレンジ、月桂樹、八車草、カーネーションなどものすごくたくさんの種類の草花が描きこまれていて、花まつりと別題をつけたいほどだ。
私のひそやかなる欲望は、この絵に描かれている草花を刺しゅうした帯を作ること。さて、いつになったら私の花まつりは訪れることでしょう。

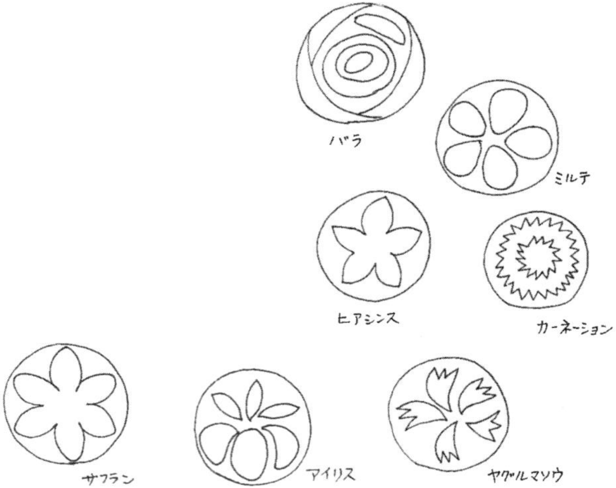

㋑ マカロン型の花といちご

お菓子のマカロンに似た小さなクッションを作り、ヒアシンスやバラ、八車草などの花を描いていく。

—麻布
—糸
—綿
—ジェッソ（白色地塗り剤）
—アクリル絵具

1. 麻布を同じ大きさに2枚切る。
2. 2枚合わせてまわりを縫い、途中で綿を入れて縫いあげる。
3. できあがった小さなクッションの両面に、下地のジェッソを塗る。
4. アクリル絵具で、花の絵を描いていく。
（左のイラスト参照）
5. 枝つきのいちごと、ガラスのコンポート皿に盛る。

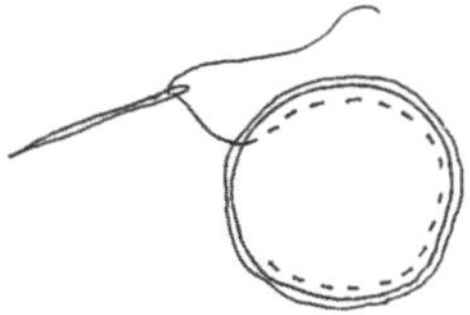

㋺ バナナとりんごのカクテル

—バナナ　：2本
—りんご　：1コ
—はちみつ：大さじ2杯
—牛乳　　：500cc

1. バナナは輪切り、りんごは皮をむいて種を取り、細かく切る。
2. ミキサーに1とはちみつ、牛乳を入れ、かくはんする。
3. 瓶に注いで、マカロン型の花を帽子のようにのせる。

いちごミルク

写真のいちごミルクは67ページ参照。

㋩ マカロン型の花とマカロン

ガラス皿に本物のマカロンとマカロン型の花を盛る。春の草花で染めたような色味にしたいので、チョコレート味のマカロンなどは加えない。

㋥ マカロン型の花とドラジェ

ガラスのスプーンにドラジェをのせて、マカロン型の花とセッティング。

さくら

花見むすび

イ　ロ　ハ　ニ

さくら

さくらの季節にシトシト雨が降ったあとは、なんとなくさくら餅の香りがする。あのちょっとまぶたが重くなるような、眠た気な香り。
私は、雨に散って地面にたたきつけられて、ビチャとへばりついたさくらの花びらの色が好きだ。咲きほこっていた頃のさくら色より、紫みも赤みも強くなって、花びらの半分ほどが透けている。こんな姿になってもなおきれいっていうのは、どういうことなんでしょう？　ただただ見とれてしまうだけ。

さくらの金平糖と落がん

タイ製のミニチュアのかごに、さくらの花びらの塩づけを細かくして蜜がけした緑寿庵清水金平糖と、さくらの花の形の落がんを盛る。

花見むすび

私、フェイエノールトの小野伸二選手が好きです。もうテレビに映っているのを見ると、胸がキューンとする。小野選手がまだ小学生で、私がもし彼のお母さんだったら、丸いおむすびにサッカーボールの模様に切ったのりを巻いたサッカーおむすびを作って、いってらっしゃーいって、練習に送りだしてあげるのに、なんてとんでもない妄想をしたりする。そうしたら、サッカーおにぎりっていうのりが発売されて大笑い。試しに買って作ってみたら、ちゃんとサッカーボールができた。
おむすびはおいしい。コンビニのおむすびも今やすごいよね、グレードアップしちゃって。はじめはあのパリパリしたのりがもの珍しかったのだが、最近はごはんにくっついて、しとっとしたのりの方が好みかな。自分でもよくおむすびを作る。お天気のいい日は、お弁当箱に入れて、ベランダで食べたりする。お花見には、おむすびだけどコンビニでは買えないような、ちょっと凝ったものを作ってみる。
おむすびって両手で握るから、コミュニケーションがよくなる食べものなんだそうだ。

㋑ 青豆ごはんむすび

えんどう豆を塩ゆでし、ゆで汁でごはんを炊いてから、蒸らす時にえんどう豆を加えるという方法もあるが、米といっしょに最初から炊き込んだ方がダンゼンおいしい。
—えんどう豆、そら豆、スナックえんどう
—塩
1. 米を洗って水加減し、塩とさやをむいたえんどう豆を加えて炊く。
炊きあがったごはんは、ほんのりと青くさくって、なんとなく緑色になっているような。丸い形のおむすびを作る。
2. ゆでたそら豆とスナックえんどうに塩をする。

㋺ 筍ごはんむすび

筍は、糠と赤唐辛子でゆで、串がすっと通るくらいになったら火を止め、鍋の中で冷ます。冷めたら流水できれいに洗い、皮をむき、水につけておく。

—筍
—昆布出汁
—淡口しょうゆ
—酒
—木の芽

1. 洗った米に、昆布出汁、淡口しょうゆ、酒、薄切りにした筍を混ぜて炊く。
2. 筍ごはんを炊いている途中、春のぼんやりとしたような匂いがしてくる。三角形のおむすびを作る。洗った木の芽を手のひらでパンとたたくと、香りが立つ。おむすびの上にのせる。

㋩ 卯の花ごはんむすび

煎り豆腐が、まっ白な卯の花を思わせることからついた呼び名。お豆腐は、只管豆腐（ひたすらどうふ）という絹ごしがすごくおいしい。

—絹ごし豆腐
—太白ごま油
—淡口しょうゆ
—こごみ
—かつお、昆布出汁
—みりん

1. 豆腐の水切りをし、ごま油で煎る。
2. 米を昆布出汁と淡口しょうゆで炊き、蒸らす時に1を混ぜ込む。
3. こごみをさっと塩ゆでし、かつおと昆布の出汁を淡口しょうゆとみりんで加減し、煮る。
4. 筒型のおむすびを作り、こごみをのせる。

㋥ さくらごはんむすび

お祝いごとに飲むさくら茶のさくらの花の塩漬けを使って、ごはんを炊く。

—さくらの花の塩漬け
—三つ葉
—塩
—えごまの葉

1. さくらの花の塩漬けを水でもどす。
2. 米を水加減し、軽く塩をして炊く。蒸らす時に1を混ぜ込む。たわら型のおむすびを作る。
3. 三つ葉の軸をさっと塩ゆでし、おむすびに帯じめのように結ぶ。えごまの葉の上に並べる。

ため塗りの重箱は赤木明登作。

すみれ

すみれ

すみれ

ある歌を口ずさんでいたら、いつの間にやら違う小節を組み込んで歌っていた、ということはままある。私の場合、A「すみれのはぁなぁさくぅころぉ、はじめてきぃみぃをしりぬぅ」B「いのぉちぃみじぃかしぃ、こいぃせよぉおとめぇ」とAからBへと続けてしまう。どちらの曲名も知らないのだが、Aは宝塚の舞台のエンディングで歌われ、Bは黒澤明監督の「生きる」の中で志村喬がブランコをこぎながら口ずさむ歌だ。どちらも原曲は、ドイツやスイスの民謡だと思うが、定かではない。
2曲を自分勝手に合体させてしまうのは、メロディがどこかでうまい具合につながるとか、歌詞に何らかの共通項があり、途中から曲が変わってもあまり違和感をおぼえないからなのか。AとBはいずれもすみれとか、乙女とか、恋とか、星菫派的な内容で自然とくっついちゃったのかも。すみれって、なんだか乙女チックなのよね。

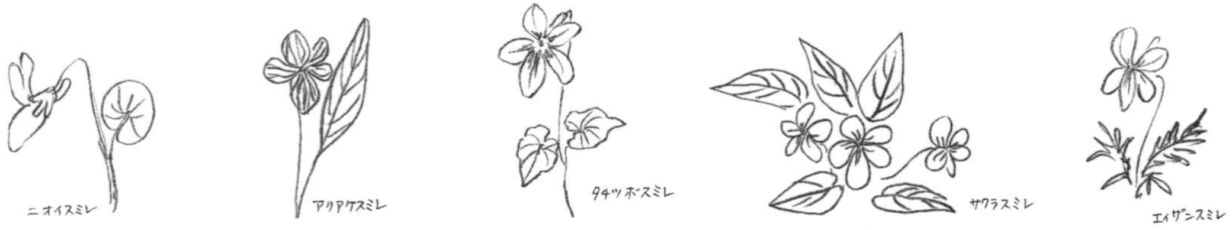
ニオイスミレ
アリアケスミレ
タチツボスミレ
サクラスミレ
エイザンスミレ

㋑ 近所でつんできたすみれを黒い陶器の茶入れに生ける

すみれの語源の墨入れにひっかけて黒い花器にしてみると、すみれ色がよくうつる。手前は、うす紫色の明神すみれ。茶入れは、杉本立夫作。

㋺ すみれごはん

伊賀の山奥でごちそうになったすみれごはん。炊きあがった土鍋のふたをあけると、ぽわーんとした春の匂いがする。土鍋で炊くごはんは、おいしいよ。

—米
—すみれの花（ここではアリアケすみれを使用）

1. 米をあらって水をはり、炊く。
2. すみれの花をきれいに洗って、水気をふき、米を蒸らす時に加える。

ナガハシスミレ

タデスミレ

コスミレ

㋩ すみれの杏仁豆腐（4人分）

すみれの花には、毒性のあるものがほとんどなく、大昔は食用として身近なものだったとか。だから飾りとしてではなく、ちゃんと杏仁豆腐にトッピングして、口にできる。生で食べると、ちょっと三つ葉に似た味がする。

—杏仁霜	：大さじ4杯
—コンデンスミルク	：100cc
—牛乳	：300cc
—粉寒天	：4g
—さとう	：小さじ1杯
—水	：100cc

1. 杏仁霜とコンデンスミルク、牛乳、粉寒天を混ぜ弱火にかける。
2. よく混じりあったら、容器に入れ冷やす。
3. さとうを水で溶いて火にかけ、シロップを作り、冷ましておく。
4. 食卓に出す直前にシロップをかけ、洗ったすみれの花をのせる。白色は白花小すみれ、紫色は平林寺すみれ、うす紫色は明神すみれ。四角い塗りの盆は、赤木明登作。木の小鉢は、三谷龍二作。

㋥ フランスすみれ

春になるとフランスのあちらこちらの街角で、すみれ売りの姿が目にとまる。

てんとう虫

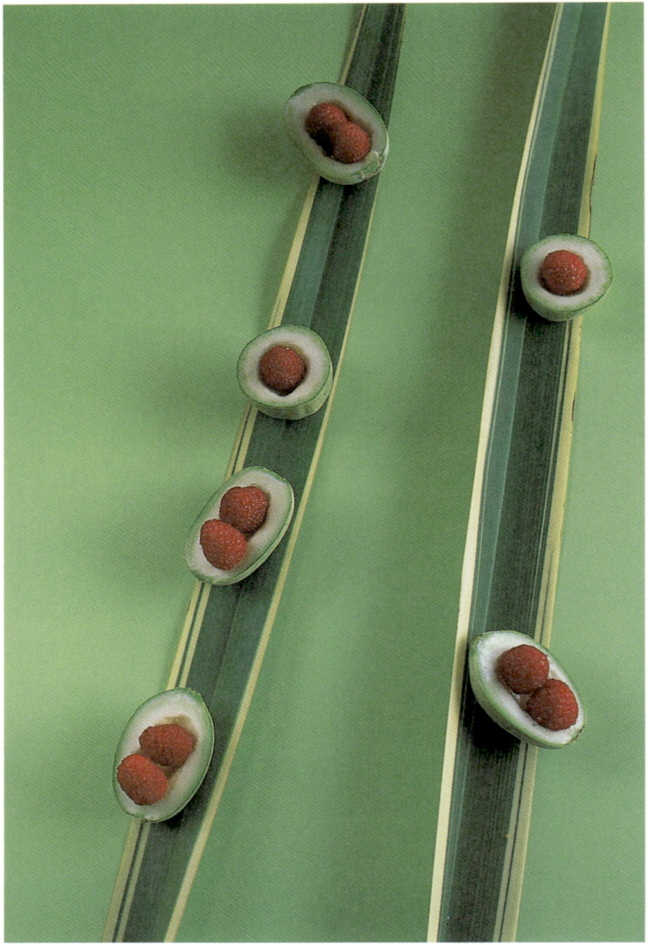

てんとう虫

てんとう虫

うちの冷蔵庫のヒミツ。実は、てんとう虫が15匹冬眠しているのだ。撮影に登場してもらうためなのだが、陽のあたるところに出してやると活動しだし、また冷蔵庫にもどすと眠り始める。けっこう生命力が強いねぇ。あたたかくなると、ベランダのオリーヴの木にはなしてやる。
赤ちゃんは、どういうわけかてんとう虫の形や柄にすごく反応するのだそうだ。1歳と10日をすぎたばかりの秋山ちよ子ちゃんに、木でできたてんとう虫のおもちゃを見せると、やはり他のおもちゃよりも長時間てんとう虫を握っていたっけ。
私もてんとう虫の柄、けっこう好きなんだけど、これって赤ちゃん性がぬけないの？

㋑ てんとう虫柄のホーローカップ

㋺ ミニメロンとラズベリーのてんとう虫

ラズベリーをてんとう虫の星に見たてたデザート。

—ミニメロン
—ラズベリー
—生クリーム
—さとう
—コニャック

1. ミニメロンを二つ割りにし、種をとりのぞく。
2. 生クリームとさとうにコニャックを少量加え、かために泡立てる。
3. ラズベリーの内側に、細い口金をつけたしぼり袋で2を注入する。
4. 3をミニメロンのくぼみにおさめ、葉の上におく。

㋩ うちのてんとう虫

多羅葉とラナンキュラスを生け、うちのてんとう虫にご登場ねがった。黒に朱色のホシがふたつある、ナミてんとう虫。

㋥ てんとう虫型チキンライス

—ごはん
—グリーンピース
—たまねぎ
—ケチャップ
—鶏むね肉

1. 鶏肉を細サイコロ切り、たまねぎはみじん切りにし、フライパンで炊いたごはんと炒め、ケチャップで和え、塩、こしょうする。
2. だ円形の器に1をつめ、形を作る。
3. 2を葉の上に置き、ゆでたグリーンピースを表面に飾る。

若緑色

若緑色

若緑色

新緑の頃、スーッと大きく息をすると、体のすみずみまで細胞が活性化されるようだ。
小さな小さな新芽が成長し、梅雨の長雨にさらされるまでの葉の色といったら、なんて若々しい緑色をしていることだろう。
しだれ柳のしっとりとやさしい緑色、葉ざくらの健康的な黄緑色、藤のやわらかい緑色。
そういえばうちのオリーヴの木に、一匹の青虫がやって来たことがあった。きれいな黄緑色をしていて、あー青虫まで新緑の色をまとってるんだなと妙に感心したりした。

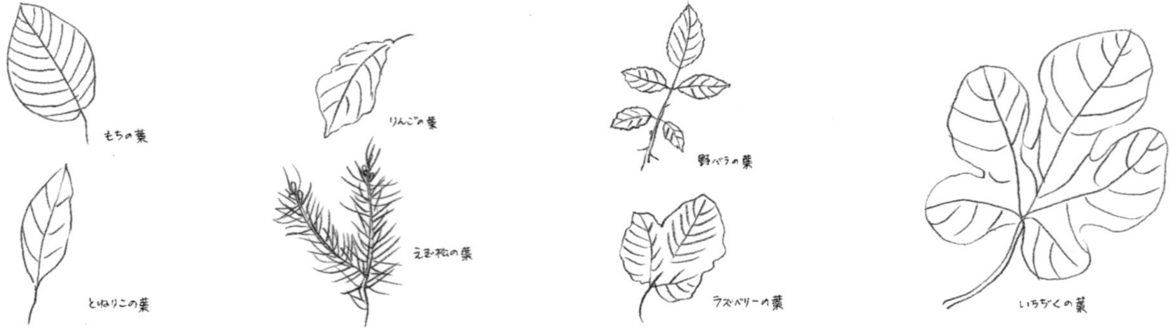
もちの葉
とねりこの葉
りんごの葉
えぞ松の葉
野バラの葉
ラズベリーの葉
いちぢくの葉

㋑ 芝ふの上のグラス

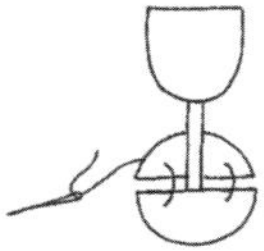

—不織布
—黄緑色の刺しゅう糸
—マスタードの葉

1. 不織布をグラスの脚に合わせて、
半円形に切る。
2. 一枚に小さな穴をあけておく。
3. 1をグラスの脚において刺しゅう糸でぬいあわせる。
4. 穴をあけたところに、マスタードの葉をさす。

㋺ 野菜を生ける

サラダや揚げもの、炒めものにする材料を生けておく。サボイキャベツ、にんじんの葉、いたどり、そら豆、チャイブなど。そら豆やいたどりをシブレットで結ぶ。陶器のコンポート皿はモロッコ製。

㋩ きゅうりとうどのサラダ（4人分）
㊁ 木の芽のチーズドレッシング

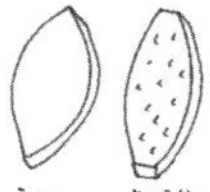

—きゅうり　　　　　：2本
—うど　　　　　　　：1本
—木の芽の葉　　　　：7〜8枚
—木の芽の花
—ペコリーノロマーノ：30 g
—オリーヴ油　　　　：大さじ3杯
—白ワインヴィネガー：大さじ1杯
—塩、こしょう

1. うどの皮を厚くむいて、葉っぱ型に切り、酢水につけておく。
2. きゅうりは、板ずりしてから水洗いし、葉っぱ型に切り、塩水につけておく。
3. ボウルに塩、こしょう、白ワインヴィネガー、すりおろしたペコリーノロマーノ、オリーヴ油、木の芽の葉と花をまぜ、ドレッシングを作る。
4. 1と2の水気をよく切り、葉っぱ型の皿に盛り、3をかける。葉っぱ型の皿は、中国、イタリア、ポルトガル製。

木の芽の葉は洗ってから、両手にはさんでパンとたたくと、香りが立つ。

青い麦

プラタナスの実

青い麦

A.青麦、B.青うま、C.青あらし（早口ことば生麦、生米、生たまごのリズムで）、D.青もの、E.アオザイ、F.青てんじょう。さてホントに青い色はどれでしょう？
Aはまだ若い麦のことで濃い黄緑色、Bは青みがかった黒い毛の馬のことで黒色、Cは青葉の頃に吹く強い風のことで無色、Dは野菜の総称なので緑色を中心に白とか黄とか赤とか、Eはベトナムの民族衣装のことでそれはたくさんの色が、Fは青空のこと、やっと青色。
桃の実を切ったらあらまだ青いって、どうして桃が青いんだろうと子供の頃はナゾだったなあ。
青い青いなんて説教するオヤジも、今はあまりいないだろう。じゃあ老獪なのは、いったい何色にたとえられるのか。
以前、福岡の柳川へ撮影に出かけた時、だだっぴろい青麦畑の脇を、ずっと歩いたっけ。風が強くって麦の穂がザザザザザーとなびくたび、青くさい、いい匂いがした。あああ、いつまでも青くさいまんまでいたいよ、と40女のひとり言。

青い麦の花器

花材：ムスカリ
　　　パンジー
花器：青麦の穂とこまい縄
1. 空き缶か瓶を用意し、青麦の穂を容器の高さより少し長めに切りそろえる。
2. 容器に、青麦の穂をグルーガンで接着する。
3. まん中をこまい縄でしばり、麦の葉をアクセントに結ぶ。

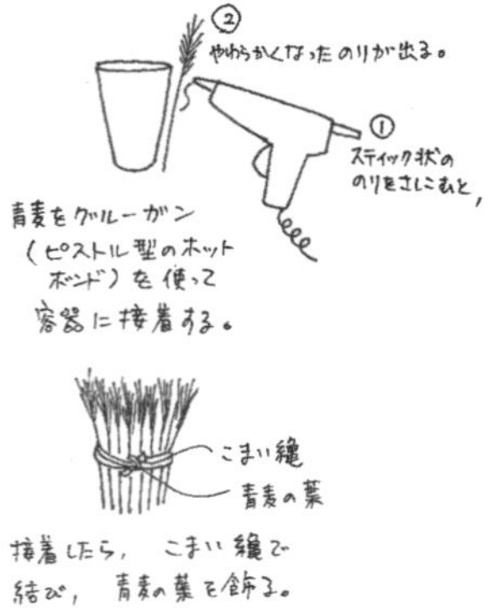

プラタナスの実

5月の雨の日、地面に小さな赤い実が落ちていた。さくらの実だ。さくらんぼじゃない。ひとつひろって食べてみると、渋くてすっぱい。

木に咲く花は実を付けるんだ、と今さらながらに気づいたかも。梅にしたって、ボケにしたって、あっ、でもマグノリアとかは実がならないよなあ、ちょっと混乱。

プラタナスの木も実がなる。花は見たことがないけれど、どんなのが咲くんだろう。実はプラプラと球状のものがぶらさがって、木全体をユーモラスな形に見せる。

おいしそうだけれど、きっと食べると口じゅうシブだらけになってまずいんだろうな。

おいしいかどうか、という観点でしか植物の実を見ることができないってのも、原始的ですね。

花材：プラタナスの実
　　　八角蓮
　　　うさぎ苔
　　　うさぎ苔は胞子の先が白く、うさぎに似ていることから名前が付いた。

花器：フランスの陶器の花瓶（ヴァンサン・コラン作）
　　　中国のミニチュア盆栽用の朱泥鉢

イ ロ ハ ニ ホ

5月のバラ

パリの高級食料品店で買ったバラの花びらジャム。原料にRoses de mai（ローズ・ド・メ　5月のバラ）と記してあった。

5月のバラがいちばん芳ばしいっていう歌があったっけ？

バラの花びらジャムをひとすくい、紅茶に入れると、ちょっとマダムな味がした。

バラの花に限らずバラ科の植物は、たいそういい匂いがする。梅、いちご、りんご、なし、あんず。花に鼻をくっつけて深く息を吸いこみたくなるほど、上質な甘い匂いだ。梅などは匂いが強すぎて、ちょっとクラクラすることもあるが。

バラの花の中では、オールドローズやイングリッシュローズが、特にいい香りを放つ。いくえにも重なりあった花びらが開くにつれ、うふん、うふんて感じでお色気をふりまいていくような、濃厚な甘い香りを発散する。私がみつばちだったら、まちがいなく誘惑されちゃいます。そして花の蜜の中から、ずうっと出たくないだろうな。

そうそう、最近バラのエキスのサプリメントなるものを飲み始めた。体臭がだんだんバラの香りになって、美肌づくりにも、といいことずくめ、らしい。私の毛穴からバラの匂いが、うーむ、果たして出てるんだろうか。

㋑ バラの花びらジャム

花びらの色によってジャムの色がかわる。ここではうすいピンク色、うすいオレンジ色、アイボリーの三色を使った。

—新鮮なバラの花びら　：500 g

—さとう（私はざらめを使用。ふつうは650 g くらい入れるが、あまり甘くない方が好きなのでこれくらいの量にしてある。好みで足しても）：500 g

—レモン　：3コ分の果汁

1. 花びらをよく洗い、1リットルの水に漬け一晩おく。
2. 鍋にさとうとコップ1杯の水を入れ、弱火でかき混ぜながらグツグツとしてくるまで煮て、レモン1コ分の果汁と漬けてあった花びらを水ごと加える。
3. 弱火で30分煮て、レモン2コ分の果汁を加えよくかき混ぜ、火を止める。
4. 煮沸消毒した瓶に詰め、ふたをする。沸騰した湯の中に15分ほどつけ、取りだす。

（長期保存しないならこの工程ははぶく）

㋺ バラの食卓

1. バラの茎にひもをゆわえ、両端にさくらんぼを結びつける。
2. ワイングラスの中にバラを入れる。

㋩ バラの花びらのパンチ

バラ科の植物を使ったパンチ

—りんごジュース　　：1リットル
—白ワイン　　　　　：1リットル
—新鮮なバラの花びら：適宜
—りんご　　　　　　：1コ
—びわ　　　　　　　：5〜6コ
—カルヴァドス　　　：少量

1. りんごは皮をむいて角切り、びわも皮をむいて種を取り半分に割る。

2. 大きなガラスの器に、りんごジュースと白ワインを注ぎ、1を加え、香りづけにカルヴァドスを少し入れる。

3. 冷蔵庫に冷やしておき、サービスする1時間前に、きれいに洗ったバラの花びらを混ぜる。好みでさとうを入れてもいい。

㋥ バラの食卓

バラの花って、白いリネンとすごく相性がいい。白いリネンのテーブルクロスと白いお皿の上に、バラ科の植物を使ってボタニカルプリントを描く。さくらんぼ、りんごの花、いちごの花、バラの花と葉。フォーク、ナイフも白いリネンのナプキンで巻いて、バラの茎で結ぶ。

㋭ バラの花びらのバター

バターを室温にもどして、きれいに洗った新鮮なバラの花びらを練りこむ。直方体や円柱形にバターをまとめ、ラップをして、冷蔵庫で冷やし固める。サービスする直前にバラの花びらを表面に散らす。塩味のクラッカーやカリカリに焼いたパンにのせると、バラの香りがプーンとする。

いちご

いちご

よく熟れたいちごをキッチンの棚にのせておいたら、前を通るたび甘ずっぱい匂いがする。キッチンの中は、食料品や調味料の雑多な匂いが混ざり合っているのに、それをかき消すほど、いちごの芳香は強い。
この頃はやたらと大きくて甘みの強いいちごが多いが、私は小粒で中までまっ赤な色した甘ずっぱいのが好きだ。ガラスボウルにいちごを入れて、上から牛乳をかけスプーンでグシュグシュつぶしていくと、赤い果汁がマーブルもようのように広がって、牛乳がピンク色に染まる。いちごミルク、小さい頃からの大好物。ブルーベリーも同じようにするとおいしいよ。こちらはうす紫色になる。
いちごの練乳がけも、好きな人が多い。ある晩友人宅で、デザートにいちごがでてきた。いちごが盛られたボウルの脇に、練乳のチューブが並んでいた。ある人はいちごを全部つぶしてから練乳をかける。ある人はスプーンに練乳を注いでは、いちごを一粒ずつのっけて食べる。またある人は、練乳を口の中に含んでから、いちごを食べる。練乳がけにもさまざまな作法があるものだとおかしくなった。

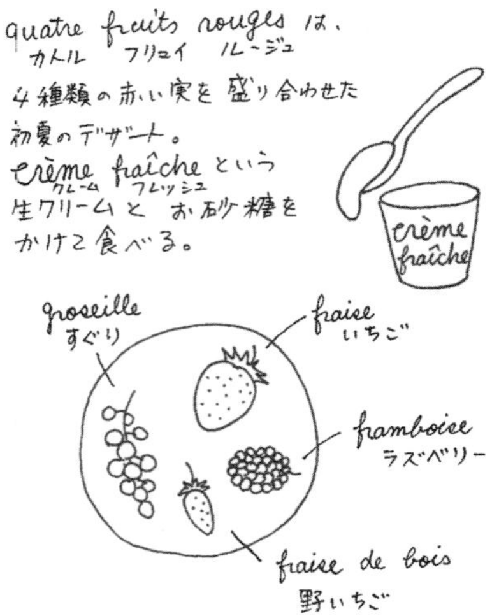
quatre《カトル》 fruits《フリュイ》 rouges《ルージュ》 は、
4種類の赤い実を盛り合わせた
初夏のデザート。
crème《クレーム》 fraîche《フレッシュ》 という
生クリームとお砂糖を
かけて食べる。
crème fraîche
groseille
すぐり
fraise
いちご
framboise
ラズベリー
fraise de bois
野いちご

㋑ いちごミルク（4人分）

—牛乳　：800cc

—いちご：10〜12粒くらい

1. 材料をミキサーでかくはんする。

2. グラスに注いで、いちごの花と葉を飾る。

㋺ いちごとカッテージチーズのサラダ（4人分）

デザートのようなサラダだが、前菜にするといちごの甘ずっぱさと、カッテージチーズの脂肪分で食事のはずみがつく。

—いちご　：12粒

—グリーンアスパラガス：12本

—アンディーヴ　：2コ

—カッテージチーズ　：30g

—白ワインヴィネガー　：大さじ1.5杯

—オリーヴ油　：大さじ4杯

—塩、こしょう

1. いちごは洗って、たてに半分に切る。グリーンアスパラガスは塩ゆでにし、たて半分に切る。アンディーヴは、根元を切って葉を一枚ずつはがして洗い、水切りしておく。

2. ボウルに、塩、こしょう、白ワインヴィネガー、オリーヴ油を混ぜ、ドレッシングを作る。

3. 1を皿に盛り、カッテージチーズを上にのせ、2をかける。

㋩ いちご色といちごミルク色のレースペーパー

市販のレースペーパーに、アクリルガッシュで、いちごの赤い色といちごミルクのピンク色をぬり、ガラス容器のマットにする。

㋥ いちごショートケーキ

これは、神田の近江屋洋菓子店の、丸い小さないちごショートケーキ。ケーキはあまり食べないけれど、いちごショートケーキとアップルパイ、そしてカステラはときどき無性に食べたくなる。

いちごの花

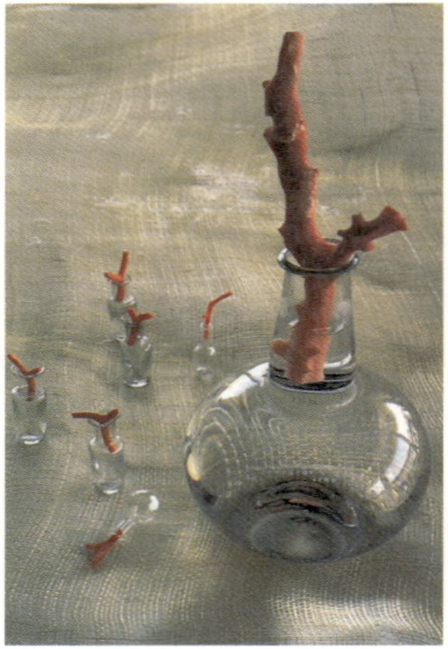

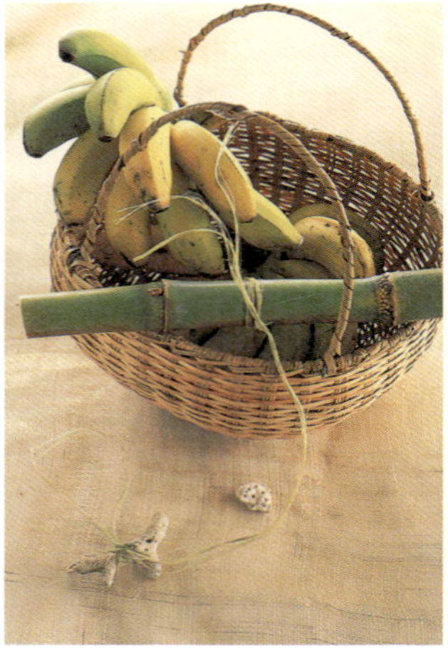

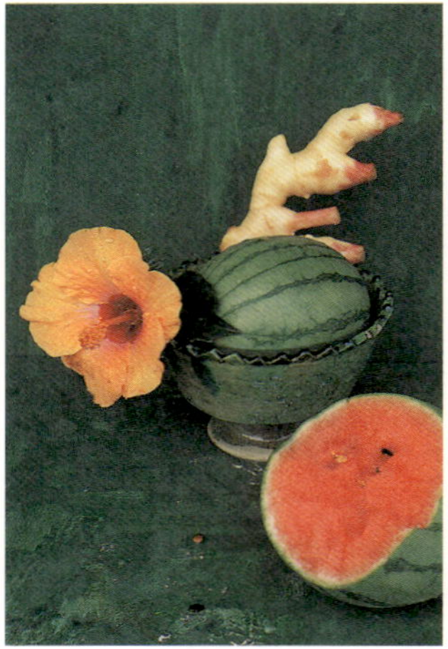

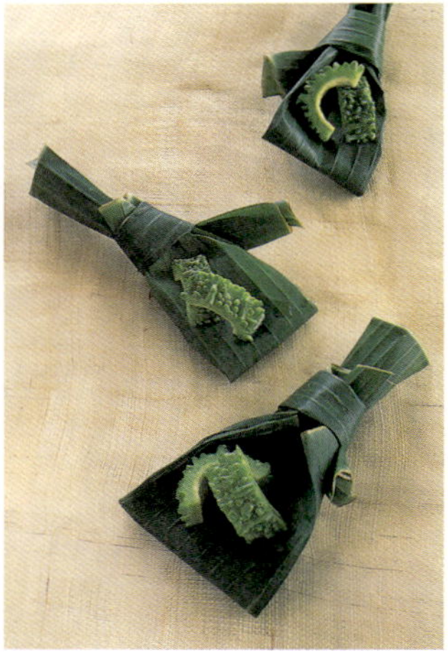

イ ロ ハ ニ ホ ヘ ト チ

若夏

チャンプルーズのハイサイおじさんを聞きながら歯みがきしていたら、口の中が血だらけになったことがあった。ほかの沖縄の歌なら、こんなひさんなことにはならなかったろうに。
沖縄や八重山の島々へは、けっこう行く。脳みそが笑っちゃうような開放感があるのは、風の具合や海の色、咲き乱れる花、おいしいごはん、そしてウチナンチューののんびりかげんのおかげだろうか。
春でもなくまだ夏でもない時期を、沖縄あたりでは若夏と呼ぶそうだ。もう石垣島も本島も海に入れる。あー早く泳ぎに行きたーい。

島ニンジン

島ラッキョウ

ゴーヤー

オオタニワタリ

シークワーサー

ナーベラー

パパイヤ

㋑ さんご

海岸に、さんごのかけらはたくさん落ちている。ひろうのに熱中していたら、いつのまにやら首のうしろがまっ黒、てなことに。さんごの原木などは、那覇の国際通りのお店でみつけられる。

㋺ 島バナナと砂糖きび

島バナナは小さいけれど、味が濃厚。牧志（まきし）市場の近所にジューススタンドがあって、砂糖きびだけをしぼってもらうと、甘いけれどあと味がさっぱりしていてさわやか。砂糖きびジュースで、古酒を割るのもいい。

㋩ ハイビスカスとしょうが

ハイビスカスの花は、ほとんど一年中咲いている。赤、ピンク、オレンジ、黄色、八重咲きなど種類が多い。しょうがは沖縄の料理によく使う香辛料。

㋥ ゴーヤの梅酢漬け

沖縄出身の赤嶺さんは、東京のゴーヤは、苦味がいまひとつって言っていた。でもね、この人沖縄で育った時は、郷土料理が苦手だったんだそうだ。大人になって、沖縄のごはんのありがたみを感じているのですって。有楽町にある、わしたショップなら、沖縄から直送のゴーヤも買える。運がよければ生の海ぶどうも。

—ゴーヤ：1本
—梅酢　：適量

1. ゴーヤを洗ってたて半分に切り、種をとって厚めに切る。
2. 梅酢で漬ける。
3. バナナか芭蕉の葉に盛る。

㋭ 睡蓮の花

睡蓮の花はピンク、水色、うす紫色、うす黄色などの花色で、大きいのや小さいのが咲く。青いパパイヤに生ける。

㋬ ジーマミ豆腐

落花生をすりつぶして作る豆腐。石垣島の「こっかーら」という八重山料理の店のジーマミ豆腐が、いままで食べた中で一番おいしい。

㋣ プルメリアの花

プルメリアの花も、ほぼ一年中咲いている。植物分布は、タイやバリ島ととても似ている。

㋠ レンブの実

洋梨に似たレンブの実。シャリシャリとした食感で、すっぱい味がする。

梅雨冷え

梅雨冷え

梅雨冷え

梅雨冷えに湯どうふ、なんて粋なことを言う人がいる。たしかにTシャツだけでは冷えるなっていう日があるな、この時期。私は鍋ものが好きで、真夏の暑い日だって冷房をがんがんかけて、鍋を囲むくらい。夏には、夏にしかできない鍋ってのもあるしね。

たとえば毎年恒例なのが、サン・アドの葛西薫さんやナガクラトモヒコさんたちとやる鱧しゃぶ。「鱧しゃぶ」ってタイトルでメールを送ったら、何て魚、って返事がきたこともあった。これは、はも。

ある夏ナガクラさんが到着するなり、足洗わせてください、って足洗ったことがあって、来る早々、人ン家で足洗うなんて失礼なヤツだっていじわるを言ったが、それくらい暑いさなかに鍋をやるんだからね。

鱧を、しゃぶしゃぶポン酢で食べたあとのお豆腐やうどんは、こってりとでもさっぱりしてやみつきになる。

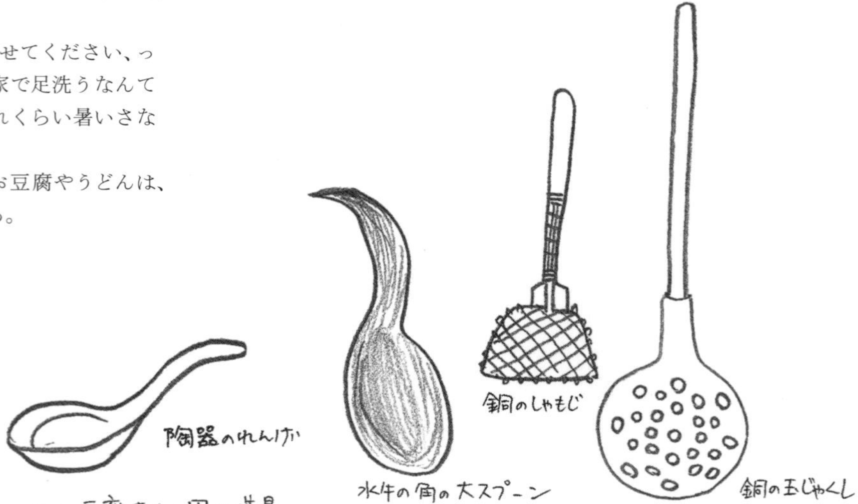

陶器のれんげ
水牛の角の大スプーン
銅のしゃもじ
銅の玉じゃくし

うちの豆腐すくい用の道具

㋑ シロクロカトラリー

黒壇のはし、塗りのスプーン、貝のスプーン。四角い耐熱皿を折敷きにする。

㋺ シロクロ器

自分の持っている食器を見ると、圧倒的に白いものが多い。磁器とか粉引きとか。塗りものはほとんどが黒なので、白・黒の組み合わせはたやすくできる。

㋩ シロクロ湯豆腐セット

湯豆腐はずっと昆布出汁でするもんだと思っていたら、辻留の本を読むと「水だけ」と書いてある。豆腐にいろいろな匂いを加えないで煮て、まだ芯が冷たいなというくらいのところをすくって、しょう油やかつお節などのトッピングで、味をかえていくんだそうだ。
この写真は昆布を使うと信じていた頃撮ったので、昆布が写ってます。スイマセン。

—豆腐（只管豆腐と京都の近喜豆腐のをよく買う）
—ねぎ
—生しいたけ
—生きくらげ

中華風の湯豆腐ダレ

このタレは、やみつきになるよ。

—濃口しょうゆ
—おろしにんにく
—おろししょうが
—太白ごま油

1. 材料をボウルで混ぜ合わせる。にんにくやしょうがは好みで調整する。
2. 腐乳、トウバンジャン、きざみねぎなどを好みで加える。

㋥ ライラックとけまん草

ライラックの葉をとり、けまん草も一輪、白い花だけ生ける。

花材：ライラック
　　　けまん草
花器：白い陶器のボウル
　　　黒い陶器の茶入れは杉本立夫作

鍋ものに便利なステンレスの片口

あじさい

朝顔

あじさい

パリに住んでいた時、ある友人が部屋を改装したというので寄ってみた。細い廊下を通って部屋に入ると、パッとカーペットのエメラルドグリーンの色が目に飛びこんできた。
ティファニーの箱の色が好きだから、同じような色にした、と言う。あれっ、どこか腑に落ちないぞ、と、エメラルドグリーンのカーペットを目の前に、ティファニーの箱の色を思い浮かべてみた。そう、私が知っている箱の色は、エメラルドグリーンではなく、水色なのだ。だから友人の言うところのティファニーの箱の色とカーペットの色は、私には食い違っているとしか思えないのだった。
ティファニーの箱の色が2色あるわけではないのに、それではどうして、そういうことが起こるのだろう。それぞれが、ティファニーの箱の色をいったん頭の中に入れて記憶する。そして何かの時に、自分が知覚したティファニーの箱の色を引き出してみると、私は青みを強く感じるので水色だと言い、友人は緑みをより感じるのでエメラルドグリーンであると主張するのでは。目の前に実物がない限り、色のイメージというのはあやふやで、個人差のあるものなんですね。
さて、写真のあじさいは、水色に見える？　エメラルドグリーンに見える？

花材：あじさい
　　　野ばらの実
　　　いぬびわ
　　　へくそかずらの実
花器：フランス、ナントで作られている亜鉛製のバケツ

朝顔

朝顔のつるはどんどん伸びる。一日にどれくらい伸びるんだろう。小学校の夏休みの宿題で、朝顔の成長の観察日記をつけた。あの頃は、小さな双葉が発芽して、あれよあれよというまにつるが伸び、つぼみができて、花が咲く。これを毎日絵に描いていくのが精いっぱいで、つるの成長を、数字にするなんて思いもつかなかったな。
数年前、ご近所の小暮家から西洋朝顔のつるを1本いただいてきた。空色の花が咲く。写真を撮ろうと思っていたのだけれど、いったん切り花にしてしまうと、どうも元気がよくない。しかたなく花瓶にさしたままにしておくと、朝やんわり咲いて、昼になるとしぼむという状態で1週間ほどたった。そうすると根が出てきたので、植木鉢に植えてやったら、まァつるが伸びる伸びる。
植木鉢に立てておいた60センチほどの竹もすぐ短くなり、麻ひもをベランダの上方に渡してつるをはわせると、またつるは登り続ける。
真夏の空にぽっかり浮かぶ空色の朝顔を見上げると、子供の頃、朝顔の花を水に浸して、指先でしごいて色水を作ったことを思い出した。あのガラスコップに入れたうすい紫色に色づいた水は、子供時分の夏の思い出の色のひとつだ。

花材：西洋朝顔
　　　ひょうたん
花器：ひょうたん型の手吹きガラス

朝顔のつるを水の中にさしておくと、1週間くらいで根が生えてくる。
これを植木鉢に植えると、支柱につるが巻きついて伸びだし、つぼみが付いて花が咲く。

七夕

イ　ロ　ハ

七夕

フランスのノルマンディ地方へ旅行に行った時のこと。まっ暗ないなか道を車で走っていると、目の前に流れ星がすーっと。とっさに願いごとを3回繰り返すとかなうっていうのを思い出し、願いましたよ。それは真剣に。
星に願いが届いたようで、ちゃんとかなったんですよ、あの夜の願いごと。なんのお願いだったかは、ないしょだけど。
あれ以来、何々流星群がと騒がれるたび、よし、じゃあ大量に願いごとしようと意気込んでいると、たいてい当日は、すっかり忘れて眠りこけちゃったりする。翌日の朝刊を読んで、あーあと後悔してもあとのまつり、欲はかくものじゃない。
7月7日の七夕。幼稚園や小学生の頃は短冊に願いごとを書いたっけ。もう何十年も前のことなので、どんな願いごとをして、それが、今かなっているのかどうかさえわからない。
それにしても、1年に一度しか好きな人に会えないっていうのは、いかがなものか。会えるだけマシ？　せめてこの夜くらいは、私も貪欲なお願いをせず、お星さまの幸せを祈るとしましょう。

㋑ 七夕野菜の短冊

—きゅうり
—大根
—赤かぶ
—なす
—じゃがいも
—まこも茸
—にんじん
—ささげ
—冬瓜
—塩

1. きゅうり、大根、赤かぶを短冊に切り、塩をふり水出しし、キッチンペーパーでふく。
2. なす、じゃがいも、にんじん、まこも茸も短冊に切り、素揚げする。
3. 1と2の野菜に小さな穴をあけ、麻ひもを通す。
4. 冬瓜の上部を切り、種をスプーンでかき出し、ささげをさす。
5. ささげに3の野菜を結んでいく。

金山寺みそまたはそばみそ（90ページ）をつけて食べる。

㋺ 7本のスプーン

7本の銀のスプーンにタピオカ、ココナッツミルクを盛り、星のカットが入ったお皿にのせる。

㋩ 七色の梶の葉

昔は、梶の葉を短冊がわりに使っていたそうだ。7色のキャンソン紙を梶の葉の形に切り、短冊にする。（下のイラスト参照）

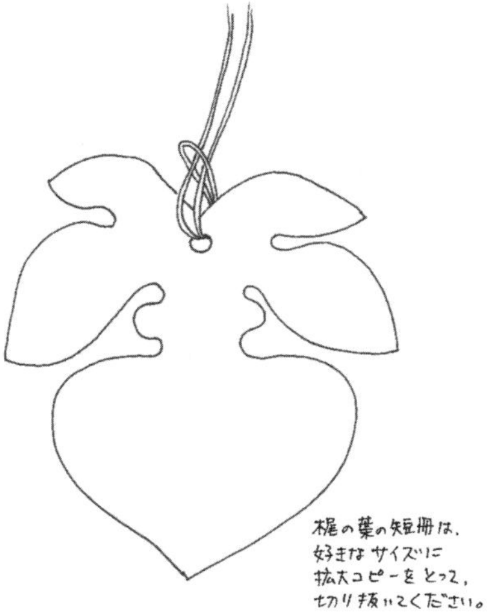
梶の葉の短冊は、
好きなサイズに
拡大コピーをとって、
切り抜いてください。

はすの葉

はすの葉

はすの葉

月に一度、お坊さんたちとインド学研究の松山俊太郎先生をむかえて、法華経の勉強会を開いている。私には、あまりよく理解できないことが多くって。でも松山先生が、地球のまん中には池があって、そこには蓮華上仏がいる、なんて話をしてくれるのでついつい、大きなはすの葉にのっかってる仏様の絵なんてのをノートにらく描きしたりする。

うちのベランダにも茶わんばすの鉢があって、夏になるとピンク色の花が咲く。それが近年、がまの穂に乗っとられつつあって、小さな鉢の中で攻防が続いている。がまの穂、しぶとくって。

何年か前の夏、ちょうどはすの花が2輪咲いていた時、夕方近くに突然虹がかかった。それも二重になっていて、ほぼ180度きれいに見える。はす2輪に二重の虹、ここはどこ？　ってちょっととまどい驚くような、美しい光景だった。

はすの葉と
ディテールは
同じだが、
すべての部分が
これでもか、と
誇張されている。
小さな頃、
図鑑で見たオオオニバス
の上には、女の人が
座っている絵が描か
れていた。直径が
2メートルにもなる
オオオニバスは、夢の島
熱帯植物館にある。

㋑ うちのはすの葉

まだ、がまの穂にじゃまされていない頃の、おだやかなはすの葉。

㋺ はす小餅

大きなはすの葉をお皿にして、たねやのはすの粉で作った餅とすぐりを盛る。

㋩ はすの葉ごはん（4人分）

—米　　　　　　：2合
—塩
—はすの巻葉　　：小さいものなら3枚くらい
　　　　　　　　　大きいものなら1枚
—大きいはすの葉：2枚

1. まだ開ききらないはすの巻葉を塩ゆでし、水につけてからよくしぼって、みじん切りにする。
2. 塩味を強めにして米を炊き、1を混ぜあわせる。葉の量があまり多くならないように、ごはんの1割くらい。
3. はすの葉を2枚きれいに洗って水気をふく。1枚はざるにしいてごはんをうつし、もう1枚でふたをする。

㋥ はすの葉のセッティング

はすの巻葉に見立てて、はしやナプキンをセッティングする。はすの繊維のような細い麻糸でしばる。（右のイラスト参照）

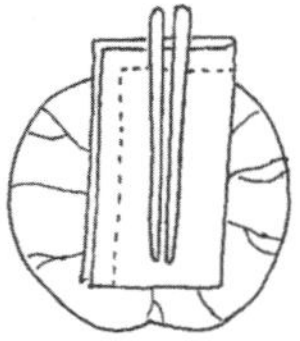
はすの葉の上に
ナプキンとはしを置く。

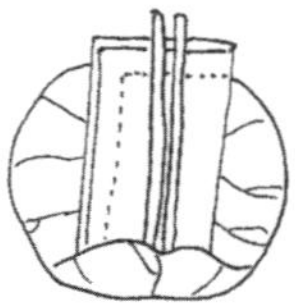
はすの葉の下の
部分を折りたたむ。

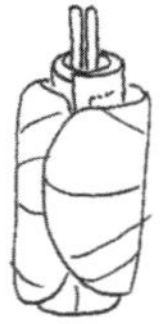
はすの葉の左右を
折りたたむ。

さらに左右から
巻きこむようにし、
麻糸で結ぶ。

ひょうたん

ひょうたん

ひょうたん

うちの中を見回すと、けっこうひょうたん型のものがある。ガラスの花器、瓶類、陶器のとっくり、イタリアで買った大きなひょうたん、日本の小さなひょうたん、ろうそく。ひょうたんって、なんだか和やかな形で好きなのよね。と言うと、ゲイの友人のTちゃんは、いやらしいわねって。もう、考えすぎでしょう、話がすぐヘンな方へころんじゃうんだから。たとえば数字の8に愛着を覚えるのは、丸がふたつつながっているからかな、と考えるとひょうたんの形が好きなのにも納得がいく。まるまる、なごやか。
枯らしてしまったんだけど、数年前までひょうたんの鉢植えがあった。初夏になると青磁を思わせるような、淡いうすい緑色の実がなった。ものすごく上品なたたずまいだったな。この実の種や身を取り出して乾燥させると、よく目にする、黄色いひょうたんになる。
目からウロコ的なことは何度かあったけれど、ひょうたんから駒、でてきて欲しいな、切望。

㋑ しま模様の陶器のとっくり

このふたつのとっくりは、青いアネモネを対で生けるといいなと思って購入したが、まだ実現せず。タイなすをのせて、これで丸が三つ。まる、まる、まる。とっくりは杉本立夫作。杉本さんの陶器は、一年に一度、11月の最終日曜日に京都の大吉で買うことができる。

㋺ ひょうたん型野菜とそばみそ

焼いたそばみそは、それだけでもおいしいお酒のおつまみだ。ゆでたり、蒸したりした野菜につけると、みその味の濃さで野菜がいっぱい食べられる。

—かぶ
—新じゃがいも
—米みそ（うちでは郡司の玄米完熟みそを使っている）
—ねぎ
—そばの実
—酒
—みりん

1. そばみそを作る。鍋を熱して、洗ったそばの実を入れ、中火で煎る。
2. みそ、酒、みりん（甘いのが好みなら多めに）を加え、そばの実とあわせて鍋の中で練りながら煮る。
3. ねぎのみじん切りを加え、またみそを練り、いわゆる耳たぶくらいのやわらかさになったら火を止める。

おそれ入りますが、
切手をお貼り下さい。

151-0051

東京都渋谷区千駄ヶ谷3-56-6

（株）リトルモア行

Little More

ご住所　〒

お名前（フリガナ）

ご職業

□男　□女　才

メールアドレス

リトルモアからの新刊・イベント情報を希望　□する　□しない

小社の本が店頭で手に入りにくい場合は、直接小社に郵便振替か現金書留で
本の税込価格に送料を添えてお申し込み下さい。

送料は、
税込価格5000円まで ―――― 350円
税込価格9999円まで ―――― 450円
税込価格10000円以上は無料になります。

振替：口座番号＝00140-4-87317
加入者：（株）リトル・モア

URL http://www.littlemore.co.jp

ご購読ありがとうございました。
今後の資料とさせていただきますので
アンケートにご協力をお願いいたします。

voice

書名

ご購入書店

市・区・町・村　　　　　　　　書店

本書をお求めになった動機は何ですか。

- □新聞・雑誌などの書評記事を見て（媒体名　　　　　　）
- □新聞・雑誌などの広告を見て
- □友人からすすめられて
- □店頭で見て
- □ホームページを見て
- □著者のファンだから
- □その他（　　　　　　）

最近購入された本は何ですか。（書名　　　　　　）

本書についてのご感想をお聞かせ下されば、うれしく思います。
小社へのご意見・ご要望などもお書き下さい。

ご協力ありがとうございました。

4.アルミホイルや杉の板、またはそば屋のように木のしゃもじにそばみそをのせて、オーブンやオーブントースター、魚用のグリルなどでさっとこげ目がつくくらい焼く。
5. 新じゃがいもは皮つきのまま、かぶは皮をむき、いくつかは茎を少し残してそれぞれ塩ゆでする。
6. ゆであがった新じゃがいもの皮をむき、楊子でふたつをつなぎ、ひょうたん型にする。かぶも同じ。
7. そばみそを添えて出す。

㋩ 冷たいラムやジン

ジンにライムをしぼり入れるとジンライム、ライム果汁とシェイクすれば、ギムレットというカクテルになる。ホワイトラムもライム果汁とシェイクすれば、ダイキリになる。私は、ラムを果汁で割って飲むのが好き。ライム、グレープフルーツ、すいか、甘い桃もおいしい。ただ、いくらでも飲めてしまうのが、ちょっとね。夕涼みには、ボウルに氷と果実、ひょうたん型のガラス瓶に入れたラムやジンを盛っておくと、それぞれ、好き勝手な飲み方ができる。ホワイトラムならマルティニーク島のJ・BALLY（ジェー・バリー）やキューバのBACARDI（バカルディ）、ダークラムならガァテマラのRON ZACAPA CENTENARIO（ロン・サカパ・センテナリオ）、ジンならBOMBAY SAPPHIRE（ボンベイ・サファイア）がおすすめ。

ギムレット（1杯分）
ジン　　　：3/4（使用するグラスに対しての分量）
ライム果汁：1/4

ダイキリ（1杯分）
ホワイトラム：3/4
ライム果汁　：1/4

どちらも甘めが好きなら、おさとうを少し入れる。
シェイクしてグラスに注ぐ。

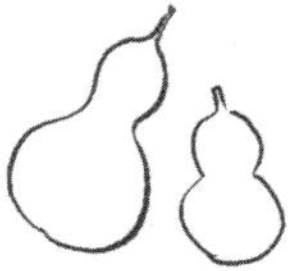

KEWPIE
KEWPIE

新しょうが

新しょうが

初夏になって新しょうがが出回り始めると、まず新しょうがごはんを炊く。ごはんを炊いている間、しょうがの香りが湯気にのって、鼻がスースーとして気持ちいい。お茶碗一杯食べると、胸のあたりがちょっと温かくなってくる。二杯目を食べると、額にじんわり汗をかく。三杯食べちゃうと、もう体が覚醒したように、元気になりすぎる。
新しょうがのねだんが安くなると、大量に買ってきて、酢じょうゆ漬けやガリの瓶づめを何十個も作る。この酢じょうゆ漬けを心待ちにしてくれる友人がけっこう多い。まぁ私のお中元というところだろうか。ピーコさんにも一度さしあげたことがあった。すると翌年瓶を返してくださり、今年もよろしくね、って、律儀というか。
夏の間は、うちのゴミ箱に新しょうがの皮が山のようになっている日が多い。

㋑ 新しょうがの酢じょうゆ漬け

—新しょうが　: 1kg
—酢（千鳥酢）　: 220cc
—濃口しょうゆ（うちでは角長しょうゆを使用）　: 40cc
—酒　: 40cc
—昆布
—塩

1. 新しょうがをきれいに洗って、皮をむく。食べやすいようにしたいなら1〜2cm角のサイコロ切り、あとで好みの大きさに切るなら乱切りにする。
2. 1を水切りボウルやざるに入れ、全体に塩をふりかけ、もんで、1時間ほど新しょうがの水出しをしたら、ボウルにうつす。
3. 鍋に酢を入れ、昆布を漬け、弱火にかける。
4. 3に煮切った酒、濃口しょうゆを加え、さっと沸湯させすぐ火を止める。
5. 2に4をまわしかける。
6. 煮沸した瓶に5を詰め、ふたをする。

ガリ

—新しょうが：1kg

—酢　　　　：300cc

—さとう　　：大さじ1杯

—塩

1. 酢じょうゆ漬けの1、2と同様にする。

2. 鍋に酢とさとう、塩少々を入れ火にかけ、ふっとうしたらすぐ火を止める。

3. 1に2をかけ、煮沸した瓶につめ、ふたをする。

㋺新しょうがごはん（4人分）

—米　　　　：3合

—新しょうが：200g

—昆布

—塩　　　　：少々

—酒　　　　：大さじ2杯

1. 新しょうがを洗って、皮をむき、せん切りにする。

2. 鍋に米、水、昆布、酒、塩、1を入れ炊く。

あたたかいごはんに、新しょうがの酢じょうゆ漬けをみじん切りにしたもの、きゅうりを細かくサイコロ切りにしたもの、白ごまを混ぜてもおいしい。

㋩新しょうがを小玉すいか、ライムといっしょに大鉢に盛る

小さな瓶にさした時計草を、果実の間に固定しておく。

㋥ジンジャーエール

実はジンジャーエールって、しょうがが原料だって最近まで知らなかったの。ジンジャーってネーミングなのにね。しょうがの味だってするのに。お手製ジンジャーエールはビールで割ったり、レモネードで割ったり。

—新しょうが：50g

—水　　　　：1リットル

—レモン果汁：1コ分

—さとう　　：大さじ1杯くらい

（これではあまり甘くないので、好みでさとうはたしていく）

1. 新しょうがの皮をむき、数ヵ所切りこみを入れる。

2. 鍋に水と1を入れ、一度沸騰させたら火を弱め、クツクツとするくらいの火かげんで30分煮る。

3. 火を止めて、さとうとレモン果汁を加える。瓶に入れて、冷蔵庫で10日くらい保存できる。

トマト

トマト

夏になると、ラタトウイユをよく食べる。ル・クルーゼの大鍋に作ったって、すぐなくなってしまう。暑い中、トマトのすっぱさは、体にグッとしみいってくる。
私がパリに住んでいた間に、日本はものすごーく変わってはいないかもしれないが、いくつかの驚きはある。トマトがおいしくなった、というのもひとつだ。
日本のトマトって水っぽくって、あまり味がないな、という印象が強かった。ところが今や、すっぱみはあるは、甘みはあるは、青くさみもあり、そして果汁が多い。
以前はトマトソースを作るのに、ホールトマトの缶詰を使っていたけれど、今じゃ日本の生のトマトを使った方がおいしいもの。
サン・フランシスコで毎土曜日にオーガニックの朝市がたつ。そこに20種類以上の赤や黄や緑色、大小さまざまなトマトだけが並ぶ店がある。いやー、こんなトマトまであるんだと目を見はったのは、うすい緑色の大きめのトマトの表面に緑色のもようがある。ZEBRAの品種名どおり、ホント、ゼブラ柄だ。このゼブラもふくめて5〜6種類のトマトを買って、お昼にサラダを作ってみた。赤いトマトは濃厚な甘みがあり、黄色いのは少しパプリカに似た味。そしてゼブラは青くさくって、それでいて南国のくだもののような味がした。色や形によって、それぞれこんなに味がちがうんだなあ。きっともうすぐ、日本でもゼブラ柄のトマトが出回ることでしょう。

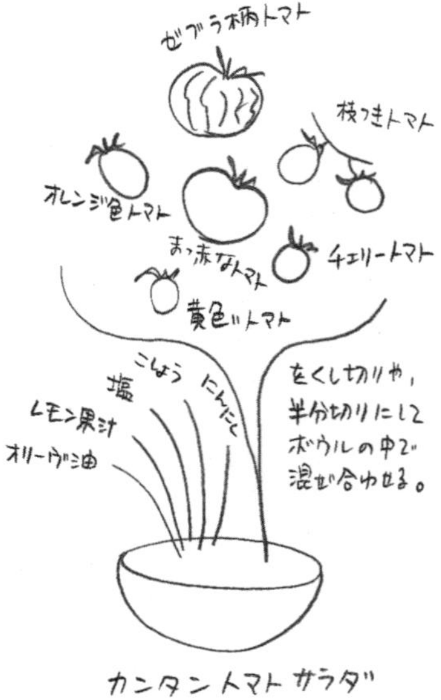
ゼブラ柄トマト
枝つきトマト
オレンジ色トマト
まっ赤なトマト
チェリートマト
黄色いトマト
こしょう
にんにく
塩
レモン果汁
オリーヴ油
をくし切りや、
半分切りにして
ボウルの中で
混ぜ合わせる。
カンタントマトサラダ

㋑ フランスのトマト

これは、パリ、バスティーユの朝市で買ったトマト。フランスでは、緑のトマトのジャムなんていうのもあるが、私は試したことがない。トマトにさとうを加えるっていうのに、どうも抵抗があって。

㋺ イタリアのトマト

フィレンツェの市場で買ったトマト。今や日本でも、ピーマントマトとかトマピーという名で売られている。

㋩ トマトの煮びたし（4人分）

これは日本のトマト。温かくてもおいしいけれど、冷たくして、真夏に食べるのは格別。

—中くらいのトマト：4コ
—小さいトマト　　：4コ
—出汁　　　　　　：2カップ
—淡口しょうゆ　　：小さじ1杯
—酒　　　　　　　：大さじ2杯
—塩　　　　　　　：少々

1. トマトの皮を湯むきする。
2. 昆布とかつお節でとった出汁に、淡口しょうゆ、酒、塩を加え、さっと煮たてる。
3. 2に1を入れ、中火で10分ほど煮て火を止め、冷ます。

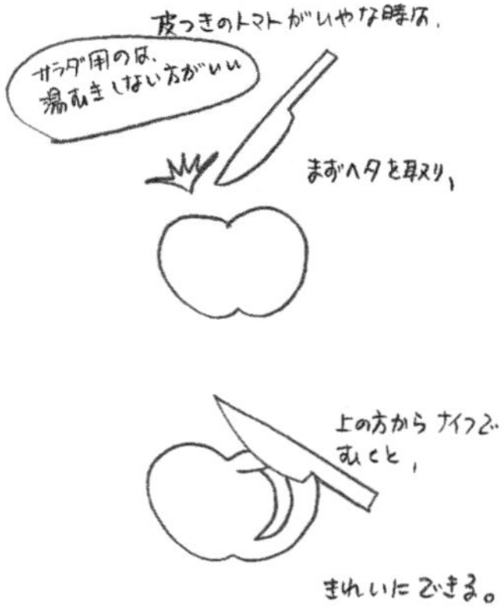
皮つきのトマトがいやな時は、
サラダ用のは、湯むきしない方がいい
まずヘタを取り、
上の方からナイフでむくと、
きれいにできる。

真夏の果実

飲食店の隠語で、前日にしぼって残ったオレンジ果汁などをアニキと呼ぶそうだ。オレンジ果汁は、まあお酒と割ってしまえばあまり遜色はないが、これがスイカ果汁だとひどい目にあう。

スイカ果汁のアニキは、青虫だって逃げ出したくなるほどくさい。冷蔵庫のいやなにおいをたんまり吸収しているは、元来の青くささが増しているはで、アニキかんべんしてください、とうなだれてしまうまずさだ。

反対に、しぼったばかりのスイカ果汁は、夏のすべてのいい匂いがするように、甘くて清々しい。これをホワイトラムと割るスイカラム、スイカの香りにつられて、ついラムのアルコール度数を忘れてたくさん飲んじゃうと、酔っぱらっちゃいますよ。

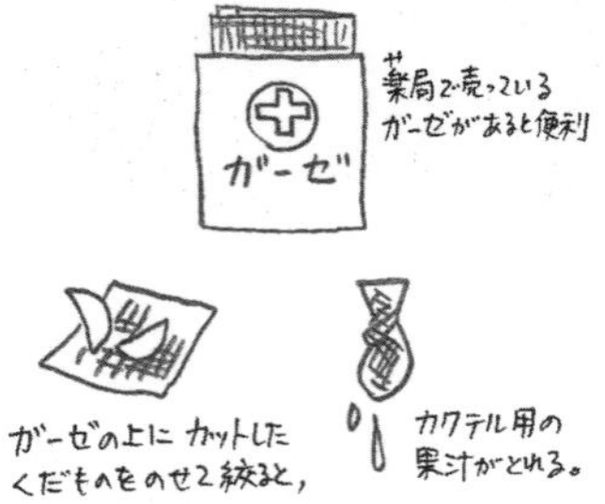
ガーゼ
薬局で売っている
ガーゼがあると便利
ガーゼの上に カットした
くだものをのせて絞ると、
カクテル用の
果汁がとれる。

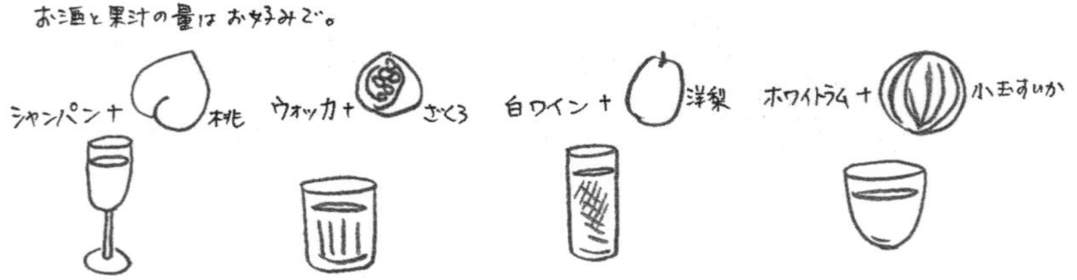
お酒と果汁の量は お好みで。
シャンパン＋
桃
ウォッカ＋
ざくろ
白ワイン＋
洋梨
ホワイトラム＋
小玉すいか

㋑ ぶどうとざくろの実を生ける

㋺ 桃や杏、ネクタリンをかごに盛る

㋩ スイカラム

—小玉すいか
—ホワイトラム

1. 小玉すいかを小さめに切り、ガーゼにくるんで果汁をしぼる。
2. ホワイトラムと氷を混ぜる。ラムや果汁の分量は好みで。

㋥ すいかずらと杏、洋梨

㋭ 桃のピッツァ（1枚分）

アメリカの料理雑誌で見つけた桃のピッツァ。小腹がすいた時のおやつ、という感じにピッタリ。焼きあがると、桃のねむくなるような甘い香りがする。

—桃　　　　　　　：1コ
—生ハム　　　　　：3枚
—山羊のチーズ　　：80 g
—ローズマリー　　：適宜
—市販のピッツァ生地：1枚
—オリーヴ油
—塩

1. ピザ生地をオーヴンでさっと焼き、オリーヴ油をぬる。
2. 桃を洗って、皮ごとうすくスライスし、生ハムを細かく切る。
3. 1に2をのせ、山羊のチーズ、ローズマリーを散らし、軽く塩をする。
4. 3を高温のオーヴンで15分くらい焼く。

㋬ かもといちじくのブルーベリーソースサラダ（4人分）

—かもの胸肉　：1枚
—いちじく　　：2コ
—ブルーベリー：100 g
—ルッコラ　　：100 g
—オリーヴ油
—バルサミコ酢
—塩、こしょう

1. かもに塩、こしょうをし、魚用グリルなどで油をおとしながら焼く。
2. ルッコラを洗って、水切りしておく。
3. いちじくは皮をむいて、たてに4つ割に切る。
4. ブルーベリーの半量をつぶし、鍋の中に入れ、オリーヴ油とバルサミコ酢を加えてさっと火を通す。
5. ボウルに2をしき、1と3、ブルーベリーを盛り、4のソースをかける。

水ようかん

氷の器

水ようかん

ようかん好きのフランス人がいる。一本ペロリと食べちゃうそうだ。
この人に、ようかんは何でできているかと聞かれたので、あずきと砂糖と寒天だ、と答えると、気味悪がっていた。しかしようかんは、おいしいらしい。複雑だ。
私もようかんが好きだ。まぁ、ようかんというよりあんこが好きなんだけど。
子供の時、漆黒のうるしのようなようかんの名前が夜の梅だと知って、ドキリとしたのを覚えている。
おばあちゃんが小さい頃は、家でようかん作ったりしたよ、と祖母が言っていたが、ふーん、ようかんて家で作れるんだ、と感心した。そりゃそうだ！　あずきと砂糖と寒天でできてるんだから。
夏になると、大久保のアジアンタウンの間をぬって、源太という店へ水ようかんを買いに行く。大きな箱に流しこんだ水ようかんは、ふつうのようかんの三本分くらいある。つるつるとして、あんこがさらさらとして、ものすごく上品なおしろ粉を冷やしかためた、という感じのここの水ようかん。これなら私も一本分くらいペロリと食べられる。
祖母には一度もようかんを作ってもらったことがなかったけれど、もし作ったら、これくらいおいしかったかな。そんなわけはないんだけど。

ぶどうの葉の皿
菓子皿は金網のざるにぶどうの葉をしき、つるを飾る。こういう金網のざるがあると、季節の葉をしけば何通りもの使い方ができる。

水ようかんに、
夏ざぶとんとうちわ、
冷たい玉露。

氷の器

歓楽街の近くに住んでいるので、近所には昔ながらの製氷店がある。小売りもしてくれるので、時々立ち寄る。
数年前、ドイツのデザイナー、ジル・サンダーが日本に来ていた時、彼女のためにつばきの花を生けて撮影する機会があった。白いスポンジに白いつばきを生けて欲しいという要望だったが、スポンジはちょっとね、と少々困惑した。それで、花と直方体の組み合わせを基本にするなら、氷に生けて寒つばきはどうだろう、と提案したら心よく受けいれてもらえた。撮影当日、近所の製氷店で大きな氷のかたまりを受け取り、スタジオに向かう。氷にドリルで穴をあけ、つばきをさす。鉛を混ぜたような白さのつばきの花弁、そしてものすごく透明度が高い氷のかたまり。このふたつの組み合わせ、寒そうでね、美しかったです。製氷店で作る氷は、ホント、家の冷蔵庫で作るのと大違いで、むこう側がちゃんと透けて見えるんですもの。これがくもった氷なら、ちょっともったりした生け花になったろうな。
この時から、氷を花器や器にするっていうの、けっこう気にいっている。ほんの1～2時間しか用をなさないのだけれど、それもまたいい。寒い時に氷が溶けてくると、もうすぐ春がきそうな予感がするし、暑い時の氷のしずくは、自分の額の汗をこおらせてくれるかな、と錯覚させてくれるのだ。
冷たいお菓子や、くだものを盛るのに使ってみると、夏のテーブルにすうっと涼を運んでくれる氷の器。溶けだすとテーブルが水びたしになるので、なるべく早く食べるように。

氷の器

—深めの大皿一枚
—大皿よりふたまわりほど小さなボウル1コ
—山しだの葉

1. 深めの大皿に水を張り、山しだの葉をしく。
2. ボウルに水を入れ1の中心部分にすえ、冷凍庫で一日以上凍らせる。
3. 菓子を盛る直前、冷凍庫から2を出し、流水の中で大皿とボウルを分離させると、氷の器ができあがる。菓子は84ページと同じたねやのはす小餅。

オリーヴのとりばしの作り方

1. 30cmくらいの長さのオリーヴの細い枝を2本用意する。
2. はさみで葉の部分をカットする。
3. はしの先端になる5cmくらいの部分をナイフで削り、乾燥させておく。

イ | ロ

アフリカの夜

八 二

アフリカの夜

夏のパリの夜は短い。食事をして、ほろ酔いかげんでうちへ帰る11時過ぎ、やっと暗くなってくる。
ある時、靴デザイナーをしている友人宅で、カメルーンの人たちが郷土料理をふるまってくれるというので、おじゃましたことがあった。
8時頃、赤ワインを1本持って伺うと、日本人やフランス人たちはもう何人か集まっていて、まだ暮れぬ窓辺に腰をかけ、食前酒を飲んでいた。
煮込み料理を作って来てくれるらしいんだけど、8時に来るって言っても、アフリカじゃ1〜2時間遅れはふつうだから、まァ、のんびり待ってて、と説明され、私も窓辺に腰をおろした。
9時を回ると、空がうすぼんやりと暮れなずむ。ちょっとおなかすいてきたかなァ。でもまだ余裕がある。
10時近くになると、夜のとばりがおり始める。相当おなかすいてるんですけど、と友人にうったえる。タコスチップでもつまんでてよ、と、ディップの入った小さなボウルを渡してくれる。すいませんね、わがままで、でも空腹になるとどうにもきげんが悪くなって。
10時半頃になると、さすがにみんながおなかすいたと言いだし、友人も心配になったらしく、彼らに電話をかけた。すると料理を持って先発隊が出発した、という返事。じゃあもうすぐごはんだね、と一同安堵したものの、空腹時の時間の流れは、とてもゆっくりしている。
そろそろ11時、10分、15分、20分とっぷり夜のヤミ。さっき出たって、もう1時間近くたってるよね、いったいどこから来るわけ？ もう声なんか荒だってしまっている。
空腹も絶頂をきわめた11時半過ぎ、ようやくカメルーンチーム到着。背の高い黒い男女が5人ほど、これまた黒いスーツ（2人の女の人はサン・ローランだったかと）を着て、大鍋を持って現れると、今まで空腹でイライラしていたのが、ウソのようにすっと消えた。それは彼らの容姿が美しかったことと、態度が堂々としていたことに圧倒されたのかもね。さながら被災地にやって来た、黒い天使とでもいいましょうか。
そして初めて食べたヤサという料理、煮込んだ鶏のすっぱさが、妙になつかしい。そうか、これって肉じゃがに似てるんだ。ヤサを食べた後は、夏のパリの短い夜が、ながいながいアフリカの夜へと、ゆったり流れていった。
後日談。友人が電話した時に、さっき出たというのは大ウソで、あの時ヤサを作り始めてたんだって。だから煮込みの時間がたりなかったとか。カメルーン人、ゆったりしすぎ。でも、うらやましい。

㋑ グラス用の蚊帳

アフリカじゃ、蚊やハエが飲みものの中に飛びこんでくることもあるので、グラス用のこんな小さな蚊帳が実際に使われている。（右下のイラスト参照）

1. 麻や綿の薄い布を正方形に切り、ふちをかがる。

2. 穴のあいた貝がらやビーズを縫いつけていく。

㋺ ヤサ（4人分）

アフリカ版肉じゃがともいえる味。とっても簡単に作れる。

—骨付き鶏もも肉（手羽元でもいい）：600g
—グリーンオリーヴの瓶詰め：1瓶
—たまねぎ：2コ
—ライム：1コ
—オリーヴ油
—塩、こしょう

1. 鍋にオリーヴ油を入れ、たまねぎの薄切りを炒める。

2. たまねぎが透きとおってきたら、鶏肉を加えて炒め、グリーンオリーヴの瓶詰めを汁ごと全部入れ煮込む。

3. 1時間くらい煮込んだら、塩、こしょうをし、食べる直前にライムの果汁をかける。

㋩ ゴムの葉っぱとユーカリのつぼみ

ゴムの葉っぱの上に、麻糸の束、貝がらといっしょにユーカリのつぼみを飾る。

㋥ 貝がら楊子

前菜やデザート用にキュートでしょ。

1. 小さな巻き貝と楊子を用意する。

2. エポキシ系の接着剤か木工ボンドを貝の内側に塗布し、楊子を差しこむ。

グラス用の蚊張

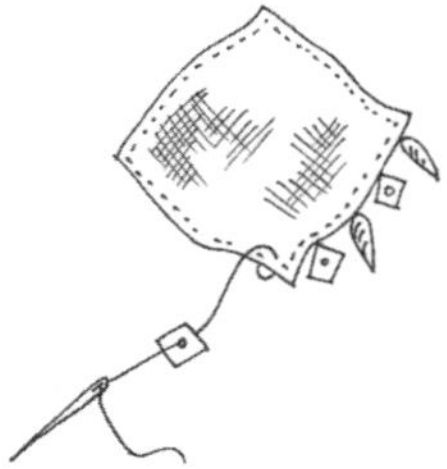

かんれんぼく

ぶどう

かんれんぼく

初めてかんれんぼくの木を見たのは、京都のなんていうお寺だったっけ、いやあ、記憶がだんだんあいまいになっていく。スクッと背の高い木に、バナナのふさをミニチュアにしたような黄緑色の実？　それとも種？　が無数にできている。ホントにバナナの一種かと見まがうほど似ている。
このお寺以外では見たことがない木だから、日本に自生する植物じゃないのだろうか。しかし写真に撮ったかんれんぼくは、お寺から花どろぼうしてきたわけじゃなく、ある業者からわけてもらったので、よそにも木がはえているのだろう。赤く紅葉したり、濃い緑色になったり、枯れたりする草木が多い中、秋に見る珍しい黄緑色のふさ。下から見上げると、流星のようにも見える。

花材：かんれんぼく
　　　いぼたの実
　　　セダム
　　　コールラビ
　　　ゆり根
花器：インドの木の器

ぶどう

にぎやかなピンク色したさるすべりの花も、盛りを過ぎれば、空き地の中に、水引きの点々とした赤い色が目につきだす。すすきの穂も開花して、いよいよ夏が名残りおしくなっていく。
うちの近所に、60年代の建物であろうと思われる空き家がある。軒先に小さなぶどう棚があり、春には枯れ枯れになったぶどうづるから、ちゃんと新芽が出て、また新しいつるを伸ばす。夏になると青々としたぶどうの実が垂れ下がり、秋をむかえる頃には、ぶどう色に熟す。
手入れをする人もいないだろうに、まったくたくましいヤツだ。つる性の植物は生命力が強いからね。私はこのぶどうを時おりいただいては、部屋に生ける。
この手入れいらずのぶどうと対照的なのが、ブルゴーニュあたりの肥よくな土地で丹念に育てられるぶどうの木。まあ、こちらはお金の成る木でもあるのだから、大事にされて当然よね。

花材：ぶどう
　　　山ぶどう
　　　時計草の葉
　　　マルメロ
花器：輸送用のワイン瓶、ギリシャ製のミニチュアガラス花器

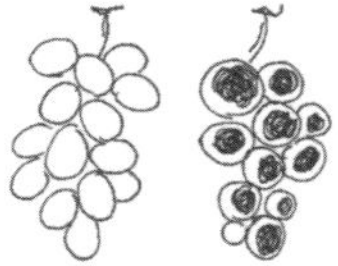

大きめの粒のぶどうをよく
洗ってから一粒ずつにし，
水気をふいて ジップロック

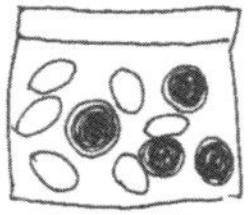

に入れ，冷凍する。
3時間くらいすると，
ぶどうの シャーベットができる。

ぶどうの葉でもひいて。

虫の音

八 | 二

虫の音

虫の音

秋が近づいて夜半の湿気が少なくなると、虫の鳴き声がよく響く。りーんりーんと歯切れがいいのはすずむし、りりりりりーと少し低音でジジくさいのはこおろぎ。まつむしはチンチロリンと鳴くそうだが、うちのあたりでは聞いたことがない。
小学生の頃は、よく昆虫採集に行ったっけ。今では、かぶとむしやくわがたが高額で売られているというが、うん十年前には、山の中にたくさんいたんだけど。
採ったかぶとむしをプラスチックの箱の中で飼っていたら、ある時、羽の脇から乳白色の管のようなものを出したことがあった。しばらく観察していると、それは卵管らしく産卵を始めたのだった。ドキドキしたったら、見ちゃいけないものを見たようで。
虫の音を聞きながら、虫の本を読んでみてはいかが？

・『栗林慧全仕事』栗林慧／学研
栗林さん自身が開発したオリジナルカメラで撮る昆虫の世界は、まさにファンタジー。
・『ゴキブリたちの優雅でひそやかな生活』リチャード・シュヴァイド／徳間書店
ゴキブリの性生活までわかっちゃう。
・『虫の味』篠永哲、林晃史／八坂書房
かまきりのからあげ、みのむしの天ぷら……どんな味がすると思う？

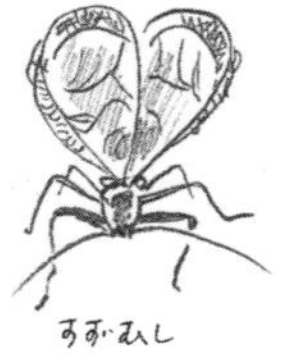

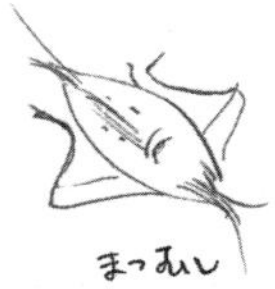

㋑ 枝豆の虫かご

—枝豆
—塩
—ベアグラスの葉
—金網のざる

1. 金網のざる（なければ竹のざるでも）にベアグラスの葉を通し、上方で束ね結ぶ。
2. ゆでて塩をした枝豆を、葉のすき間から盛りつけていく。

㋺ とんぼのはし置き

—いんげん豆　：1本
—オリーヴの葉：4枚
—すぐりの実　：2粒
—松葉　　　　：2本

1. いんげん豆のまん中より少し上に左右2コずつ穴をあけオリーヴの葉をさす。
2. 松葉を短く切っていんげん豆のてっぺんにさし、それぞれにすぐりの実をかぶせる。

㋩ 虫かごのあかり

鉄の箱に穴をあけたアンティークの虫かご。ろうそくを中に入れて、照明にする。

㋥ 食虫植物

食虫植物のネペンテスと、竹でできた小さな虫かご。悪趣味？

うまおい

月見だんご

月見だんご

湿気が多い頃に見る月は、赤みがかっている。9月に入ると空の透明度が高まって、十五夜に見る月は、いつも青光りしている気がする。
14番目の月が好きだと歌ったのは、ユーミン。十五夜の次の日にためらいながら出る十六夜（いざよい）、次の月が立待月（たちまちづき）、次いで居待月（いまちづき）、十五夜から4日目が臥待月（ふしまちづき）、さらに一夜たって半月に近くなろうかという月を更待月（ふけまちづき）と呼ぶのだそうだ。
キミはボクの太陽だって言われるのと、キミはボクのお月さまだってのと、どっちがうれしいかなあ。女の人は、お日さまにもお月さまにもなれますよっと。

京都の末富製の月見団子
白、うす桃色、水色、うす紫色、草色の五色の餅皮で赤と白のこしあんを包んだ団子。たかの羽すすきの葉をしいて団子を盛る。

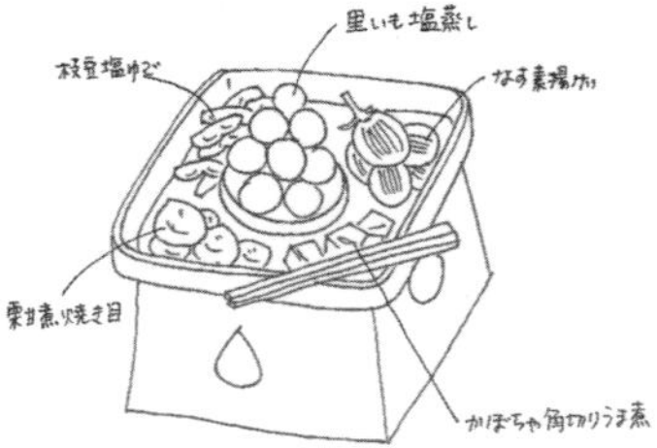

月見だんごといっしょに、
里いもや栗などをいっしょに
お供えする。月見だんごと
里いもは12個ずつ、
うるう年には13個ずつ
盛る。さつまいもの甘煮や
お餅なども加えても。

イ | ロ

125

十五夜

十五夜

京都の高山寺にある鳥獣戯画の絵巻物。この絵が好きで湯のみや茶碗、皿や鉢と、とにかくたくさん持っている。プリントされたものなら、絵巻物の絵と何らかわりがないが、手描きのものは、描き手によってデブうさぎになったり、かえるやさるが、ブキミにみえたりする絵もある。

そこで気に入った絵を見つけたら、皿などの裏に書いてある描き手の名前をチェックしておく。

あるきっかけで、気にいっている職人さんに鉢やとっくり、ふた茶碗などを描いてもらえることになった。そしてまた食器が増え続けるというわけ。

鳥獣戯画の器だけ使って、鳥獣戯画懐石っていうのを、一度やってみたいと思っているのだが。今度のお月見にできればいいけれど。

㋑ 十五夜かぼちゃ蒸し（4人分）

里いもを十五夜のお月さまに見立てる。

はしは市原兵衛商店。

—チビかぼちゃ：4コ

—里いも　　　：4コ

—枝豆　　　　：12コ

—昆布、かつお節

—淡口しょうゆ

—酒

1. 里いもはよく洗って、皮つきのまま水から20分ほどゆで、皮をむく。枝豆も熱湯で3分ほどゆで、さやから豆を出しておく。

2. 昆布とかつお節で出汁をとり、淡口しょうゆ、酒で味加減する。

3. チビかぼちゃをくりぬいて、里いもをまん中におき、まわりに枝豆をちらす。2の出汁をかけ、ふた茶碗に入れて20分ほど蒸す。

㋺ 白玉団子のおろし和え（4人分）

こちらも白玉団子をお月さまに見立てる。デザートじゃなく大根おろしで和えるので、お酒のおつまみに。

—白玉粉：100g

—大根　：1/3本

—酢

—淡口しょうゆ

1. 白玉粉を使って丸くし、熱湯に入れ、浮かびあがったら、水にとる。

2. 大根をおろし、水分を切っておく。

3. 酢に淡口しょうゆを少し加えて、二杯酢を作る。

4. 食べる直前に白玉団子と大根おろし、二杯酢を和えて器に盛る。まきの葉を飾る。

㋩ うずら玉子のお月さま（4人分）

鳥獣戯画の皿に月が出る。

—うずらたまご：2コ

—塩

1. うずらたまごをかたゆでにし、からをむく。

2. 横半分に切って盛りやすいよう、底も平らにする。

3. 皿にのせ、塩をふる。

㋥ すすきの葉

鳥獣戯画には、すすきの穂を持ったうさぎがよく登場するので、あえて葉だけを生けた。

花材：たかの羽すすきの葉
　　　ききょう

花器：鳥獣戯画の磁器のとっくり

イ	ロ	ハ
ニ	ホ	ヘ

ト

オリーヴ

オリーヴ

うちのベランダには、オリーヴの木が数本ある。いちばん背の高い一本を寝室の窓の前に置くと、カーテン越しにオリーヴの葉が、さわさわと影を映す。影の長さで、もう8時頃かなと、時計がわりにもなる。
5月のはじめに、うす黄緑色のつぼみがつく。オリーヴの実を8分の1くらいに縮小したような、たまご型のつぼみのかわいらしさといったら。
次いで花が咲く。花は、きんもくせいやぎんもくせいに似ているが、人間の鼻では匂いを感じない。花の咲いている間に大雨が降ったりしなければ暑くなる頃には、ものすごく小さい結実したオリーヴに、お目にかかれる。
オリーヴの木には毎日水をやらないので、ふいに最初の実を見つけた朝は、思わず小躍りしたくなるほどのうれしさだ。水をやるだけなのに、毎年りちぎに実をつけてくれて、なんていいコたちでしょ。そして9月から10月にかけて、私たちが瓶詰めで知っているような大きさのオリーヴの実に成長する。オリーヴ色の実は、ほうっておくと10月の終わりには、黒オリーヴに変身する。オリーヴの木がこんな東京で、実までなるのをまのあたりにできるなんて。オリーヴ油だって、小さい頃にはなかったな。ママースパゲティ、バターであえていたんだから。それが今じゃキッチンの棚で、ゴマ油やサラダ油といっしょに並んでいるんだから。私たち日本人のモノへの欲望、すごいね。

㋑ オリーヴの刺しゅうのナプキン

1. チャコールペーパーまたはチャコールペンを使って、オリーヴの図案（右図を好みで拡大コピーする）をナプキンに写す。
2. 葉っぱや枝はオリーヴグリーン、実は黄緑色の糸で、チェーンステッチで刺しゅうしていく。

㋺ いろいろオリーヴ

—市販のいろいろなオリーヴ　：適量
—ローズマリー、イタリアンパセリ、タイム：少し
—にんにく　：1片
—オリーヴ油

1. 鍋にオリーヴ油を熱し、つぶしたにんにく、刻んだハーブを加えさっと火を通す。
2. ボウルにオリーヴをあけ、1をまわしかける。
3. オリーヴの葉の容器に盛る。

オリーヴの葉っぱの容器

1. 小さなコップかカップを用意する。
2. 容器の大きさに合わせてオリーヴの枝をカットする。
3. 容器に輪ゴムを巻き、上下から枝をさしていき、輪ゴムが見えないように、ところどころ葉っぱでかくす。

㋩ ドライマーティニ（1杯分）

—ドライジン　　　　: 9/10
（使用するグラスに対しての分量）

—ドライヴェルモット : 1/10

—オレンジビターズ　: 5〜6滴

—オリーヴの実　　　: 1粒

—レモンピール　　　: 少し

1. ドライジン、ドライヴェルモット、オレンジビターズをステアしてグラスに注ぐ。

2. オリーヴの実に、オリーヴの枝で作った楊子を刺して入れる。

3. レモンピールをふりかける。

オリーヴの枝の楊子

1. オリーヴの枝を葉っぱをつけたまま8cm〜10cmくらいの長さに切る。

2. 先端をナイフで削る

㋥ オリーヴの葉っぱのカード

右の図を参考に、キャンソン紙や上質紙で箱を作る。乾燥させたオリーヴの葉っぱを接着する。

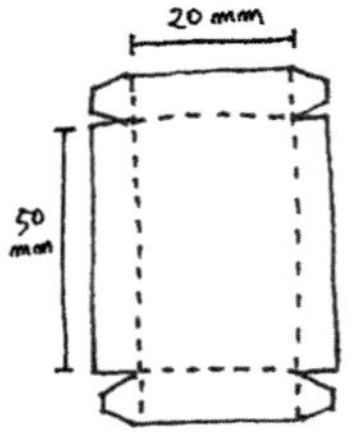

㋭ さくらんぼ風トリュフ

トリュフにオリーヴの楊子を刺し、さくらんぼ風にする。

㋬ 黒オリーヴとたこのミートソース風（2人分）

—黒オリーヴ : 20粒くらい

—ゆでだこ　: あし1本

—にんにく　: 1〜2片

—赤唐辛子　: 2本

—オリーヴ油、塩、こしょう

—リガトーニ : 好きなだけ

—白ワイン　: 80cc

1. 黒オリーヴの種を取り（種なしのものもある）、みじん切りにする。たこもみじん切りにする。

2. 鍋にオリーヴ油を熱し、こまかく刻んだにんにくと、輪切りにした赤唐辛子を炒め、香りを出す。1を加えて、さっと炒める。

3. 白ワインをふりかけ、4〜5分煮込み、塩、こしょうで味をつける。

4. ゆでたリガトーニと和えると、穴の中にソースが入りこんでおいしい。

㋣ オリーヴの葉っぱの額

1. 木枠を用意する。

2. 長めに切ったオリーヴの枝がかさなりあうよう、ガンタッカーで木枠に留めていく。

かぼちゃ

かぼちゃ（ハロウィン）

いも、くり、なんきんって女の三大好物だっていうけれど、確かに私は三つとも好きだ。特になんきん、かぼちゃが好物。子供の時にかぼちゃの煮物を食べすぎちゃって、もう見るのも匂いをかぐのもいやっていうこともあったけれど、大人になったらまたしっかりとおつきあいしている。
女の人が好んで食べるというのには、それなりに必要成分があるからうまく摂取できるように、女の人好みのほくほく甘い味にできてるって、逆説も考えられない？　かぼちゃは、カロチンとビタミンCが豊富で抗酸化作用が高い、すなわち老化防止ですね。だから美肌効果もあるって？
煮もの、天ぷら、スープ、グラタン、そして青山の木村屋で売っているかぼちゃあんぱん。書いているだけで、口の両はしが甘くなってくる。

㋑かぼちゃの仲間・ズッキーニの蒸しもの（4人分）

—黄色いズッキーニ：2本
—かぼちゃ　：半分
—塩

1. ズッキーニを縦半分に切り、種を取り、フォーク型にする。
2. かぼちゃを横半分に切り、たねを取り、1cm弱の輪切りにする。はしの方をサイコロ切りにしておく。
3. 1と2を蒸し器に入れ、10～15分ほど蒸す。
4. 皿に盛り塩をふりかける。

㋺かぼちゃのポタージュ（4人分）

—かぼちゃ　：600g
—水　：1リットル
—牛乳　：300cc
—チキンブイヨン（固形）：1コ
—くこの実
—トッピング用のかぼちゃ2種
—塩、こしょう
—みそ　：小さじ1杯
—生クリーム　：50cc

1. かぼちゃの皮をむいて種をとり、適当な大きさに切る。
2. 鍋に水、かぼちゃを入れ火にかける。沸騰したら固形のチキンブイヨンを加え、1時間ほど煮る。
3. 口と眉になる部分のかぼちゃをうすく切って、素揚げしておく。

4. 2をミキサーにかけ、再び鍋にもどし温め、塩とこしょう、みそで味を整える。牛乳を加える。

5. 食卓に出す直前に生クリームを加え、とろみを出し、トッピング用のカボチャとくこの実で、顔を描く。

㊇ かぼちゃのプリン（4人分）

—かぼちゃ　：350〜400 g
—牛乳　：200cc
—卵　：3コ
—さとう　：75 g
—バター　：少々
—コニャック
—お面用のかぼちゃ：1コ
—オレンジ果汁　：3コ分

1. かぼちゃの皮をむき、種をとり、荒く切って蒸す。
2. 牛乳にさとう70 g、コニャックを加え沸かす。
3. 1のかぼちゃを裏ごしし、ほぐした卵の中に入れ、2を少しずつ加えて全体をまんべんなく混ぜる。
4. 耐熱容器にバターをぬり、3を注ぎオーヴンに入れ、40分ほど湯せんにかける。湯せんの湯を沸騰させないようにする。
5. お面の形に切ったかぼちゃを、オレンジ果汁にさとう5 gを加えた中で10分ほど煮る。
6. お皿にプリンを盛り、お面をかぶせる。

㊁ かぼちゃとズッキーニのグラタン（4人分）

—かぼちゃ　：1コ
—ズッキーニ　：1本
—バター　：20 g
—小麦粉　：20 g
—牛乳　：300〜330cc
—おろしたチーズ：20 g
—塩、こしょう
—4色のこしょう

1. かぼちゃは皮のまま1cmの輪切りにし、種を取る。ズッキーニも1cmの輪切りにし、中心をくりぬく。飾りに使うかぼちゃは輪切りにしたものを半分に切っておく。
2. ベシャメルソースを作る。鍋にバターを入れ、焦がさないように溶かす。小麦粉を一度に入れ、木ベラか泡立て器で手早くしっかりかき混ぜる。牛乳を一気に加え、手を休めずかき混ぜながら、中火にかけ5分ほど煮込み、塩、こしょうで味をととのえる。
3. 耐熱皿にバターを塗って、かぼちゃとズッキーニの半量を並べ、ベシャメルソースを注ぐ。チーズをふりかけ、高温のオーヴンで20分焼く。
4. グラタンの焼きあがりが7〜8分前になったら、半量のズッキーニと飾り用のかぼちゃもオーヴンに入れて素焼きにする。
5. グラタンを皿に盛り、焼いたズッキーニの中にこしょうをつめ、かぼちゃを飾る。

秋の色

きんもくせいやぎんもくせいの、甘くすっとした匂いが鼻をかすめると、もうすっかり秋めいて、しみじみしてくる。しばらくするときんもくせいの花が散り、道の端につもる。この散ったオレンジ色の花のかたまりの美しいこと。この頃になるとお天気のいい日曜日、国会議事堂あたりで、ぎんなんひろいをしている人たちを見かける。

京都のいちょうが紅葉するのは、東京より少し遅いだろうか。何年か前に、京都駅からタクシーに乗って寺町通りに向かった。途中西本願寺の前を通りかかると、いちょう並木が黄金色になっている。地面も落葉におおわれて、あたり一帯がまっ黄色で、日頃見知った重厚な色彩をころっと塗りかえたようだった。

そこで、アオザイを着た女の人が三人、地面からいちょうの葉をすくいあげては散らし、またすくいあげては散らして遊んでいた。ちょっと自分の目をうたがったっけ。何か、新世界へ、とびらを開けちゃったみたいな光景だった。

㋑ 柿といちじくのきなこ酢和え（4人分）

―甘柿　：4コ
―いちじく　：2コ
―きなこ　：大さじ1杯弱
―酢（うちでは千鳥酢を使用）：大さじ2杯

1. 甘柿の実は、黒ごまが混ざったような色をしている。かための甘柿の上部を水平に切り、実と種を取りだす。実を1cm角くらいのサイコロ切りにする。
2. いちじくもかためのものを選び、皮ごと直火でさっとあぶる。皮をむき、1cm角くらいのサイコロ切りにする。
3. ボウルできなこと酢を混ぜ合わせ、1と2を入れ、全体を和える。
4. 食卓に出す直前に、柿の器につめる。

柿の葉のしきもの

―柿の葉：12枚くらい
―オレンジ系の刺しゅう糸

柿の葉を丸く重ねあわせて、重なった部分を縫い合わせていく。（左のイラスト参照）

㋺ 柏の葉

色が変わりかけた柏の葉に、お多福豆に似せた、しみじみとした色の洲浜を盛る。植村義次の春日の豆。

㋩ 栗のいが（4人分）

本ものの栗のいがを器に、さつまいもとそうめんで作ったミニチュア栗を盛る。

―栗のいが　：2コ
―さつまいも：200 g
―そうめん　：1束
―ぎんなん　：12粒
―塩
―あげもの用油

1. 栗のいがを半分に割って、栗を出し、きれいに洗ってかわかしておく。
2. さつまいもは皮ごと蒸して、やわらかくなったらつぶして、裏ごしする。直径3cmほどの球体にまるめておく。
3. そうめんを2cmくらいの長さにし、まるめたさつまいもに、栗のいがのように刺していく。
4. 中温の油で3とぎんなんを素揚げし、塩をふる。
5. 1の中に4を盛る。

㊁ どんぐり模様の折敷

唐紙に、墨で数種類のどんぐりの絵を描き、折敷にする。長めのどんぐりの実があれば、はしおきになる。市原平兵衛商店のくるみの木のはし。

木目もよう

八 | 二

木目もよう

私、中退なんですが、いちおう美大に4年近く通っていた。高校も美術系だった。絵心というのがあるものやら、ないものやら、とにかく絵を描くのは好きだ。そんな私がまだ美大の学生だった頃、都築響一さんが千駄ヶ谷に借りた事務所の、大改造を手伝ったことがあった。おもに芸大の男の子たちが床や壁に汚れの部分を作ったり、レンガやタイルの絵を描いていった。

私は、おまえ、トイレのドア、と担当をあてがわれ、デコラ板のドアに木目もようを描くことになった。ちょうどフランスでデコラシオンなんちゃらっていう大理石と木目もようを壁やドアなどに描くハウトゥ本を、買ったばかりだった。

木目のページをトイレ脇に開いて、リキテックスで描いていく。けっこう難しい。いや、かなり難しい。試行錯誤の末、なんだか古くさい木目もようのドアができあがったのは、一週間後だった。思えばあのドアが、私が描いた絵の中でいちばん大きいものかも。都築さんも引越しちゃったので、あのドア、どうなってるんだろうか？

しかし、木目もようのドアがきっかけで、木目好きになってしまうとは。

㋑ バウムクーヘンとアーティチョークの器

寒くなってくると、むしょうにバウムクーヘンが食べたくなってくる。以前ドイツへ取材に行った時、バウムクーヘン作りを見学したことがある。生地を内側から一層ずつ重ねて焼いていく、たいそう手間のかかるお菓子だ。アーティチョークを水平に切ると、年輪のように見える。アーティチョークを高台がわりに、シャーレやガラスのお皿を上にのせると、コンポート皿ができる。ユーハイムのバウムクーヘントゥルムの穴からのぞきこむと、アーティチョークの年輪が見える。

㋺ 木目もようのランチョンマット

—A3のキャンソン紙

—木目シート3種類

木目シート3種類を2cm角に切り、キャンソン紙に、チェッカーもようにはりつけていく。

㋩ 木目もようの瓶

—プラモデル用の塗料

—空き瓶

空き瓶に木目もようを描いていく。木目シートなどを参考にするといい。白っぽい木目の上で白いパンジーの写真を撮って、いっしょに飾る。

㋥ 木の器

こちらの木目は本もの。三谷龍二さんという木工作家の、神代にれを使ったボウルと小皿。ボウルはパスタなどにも使えますよ、と言われたが、このボウルに似合うパスタが思いつかなくって、うちではくだものやお菓子を盛っている。小皿の方は、もっぱら茶たくとして使用。

赤い実

稲の穂

赤い実

春や夏頃、空地や野山に自生する花をみると、ほとんどが白や黄色、ピンク色、うすい紫色などで、赤い色は少ない。
それが秋も深まってくると、赤い実のなる植物が多くなる。さんきらい、野いばら、いばら、ピラカンサ、いちい、エグランティーヌ、くこ、うめもどき、ぐみなど。これらの赤い実を見ると、おいしそうって思うのは私だけだろうか。
赤い色っておいしそうに見えない？　ある説によると、猿はモノクロの視覚しか持っていなかったが、突然変異で赤い色が見える猿が現われると、鳥が食べていた赤い実も食料にするようになった。赤い色が見えることで、食料事情がよくなった、という遺伝子を持って猿が進化したので、色んな色が見える人間になっても、やっぱり赤い色には忘れられないありがたみがあるらしい。
実際赤い色って、おいしいものがたくさんある。熟したトマト、いちごやラズベリー、房すぐりのベリー類、さくらんぼ、赤ピーマン、新鮮な牛肉、すいか、まぐろ、赤いオレンジのジュース、どれも水分たっぷりで、口の中いっぱいに唾液があふれてくる。
数年前の秋に結婚式を挙げた、内田春菊さんのブーケを作った。まっ赤なラナンキュラスと赤唐辛子と赤い毛糸で。おいしい奥さんとして、そしてやさしいかーちゃんとして暮らしておられます。

㋑ ラズベリーのリース型ケーキ

—スポンジケーキ（市販のもの）
—生クリーム
—さとう
—ラズベリー
—つばきの葉

1. 市販のスポンジケーキを2枚、ドーナツ型に切る。
2. 生クリームとさとうをボウルに入れ、泡立ててホイップクリームを作る。
3. スポンジケーキにホイップクリームをはさみ重ね、ラズベリーにもホイップクリームをつめて、スポンジケーキにくっつけてゆく。
4. 皿につばきの葉をしいて、ケーキをのせる。

㋺ 赤い実を生ける

花材：ビブルナムの実
　　　野ぶどうの実
　　　ラズベリー
　　　タマリロ
　　　ポンポンダリア
花器：青白磁の一輪挿し、青白磁の皿（加藤委作）
　　　陶器のボウル（アラール・ド・ヴィラット作）
　　　中国製のミニチュア盆栽用の鉢

稲の穂

毎年11月酉の市には、新宿の花園神社で熊手を買う。稲の穂と竹でできた、いたってかんたんなものだ。紙袋に入れて持ち帰る時、稲の穂がゆれてシャワシャワと音をたてる。縁起のいい音だ。
年が明けてまもない夜の銀座で、稲の穂のかんざしをさしたおねーさんを見かけた。赤茶色の道ゆきとよく似合っていて、イキでしたよ。たまたま二晩続けてこのおねーさんを見かけたものだから、こいつぁ春から縁起がいいやって、ほくそえんだり。

稲の穂の花器

1. 缶か瓶に稲の穂を、グルーガンで接着していく。
2. こまい縄で結ぶ

　花材：ビブルナムの実
　　　　ダリア
　　　　姫いちじくの実

お多福さんに、稲の穂のかんざし

木の実

どこかへ行くと、ものをひろう習性があるのは、私だけじゃないだろう。海へ行けば貝やさんごのかけら、山へ行けば木の実や木のかけら、ほとんどどうでもいいようなものなんだけど、ひろってしまう。
ひろったものをどうするか、って時々は何かの材料に役立つこともあるが、多くのものはひろったことさえ忘れさられて、箱の中にしまわれている。しまったことさえ忘れて、これは何だったかと箱をあけると、風化寸前の葉や木の実や木の皮が入っていたりする。
少しはひろいものが、役にたっているさま見てください。

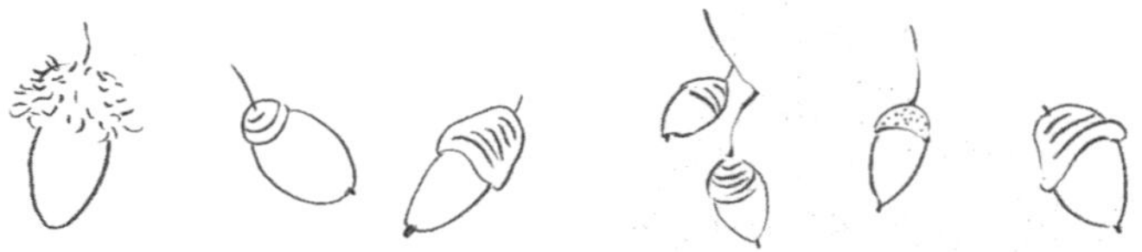

㋑ どんぐりの花器

—容器（植木鉢やプラスチックの容器）
—木の皮
—どんぐり
—グルーガン

1. 容器にグルーガンを使って、木の皮を接着していく。
2. どんぐりは帽子の部分がすぐ取れてしまうので、まず実と帽子をグルーガンで接着する。
3. 容器の口や足の部分、木の皮のつなぎ目などにどんぐりをグルーガンで接着する。
4. 植木鉢を土台にしたなら、何か水を張れる容器を中に入れ、白いつばきを生ける。

㋺ 松ぼっくりのかご

—かご
—松ぼっくり
—木の枝
—グルーガン

1. ちょうどいい具合にふたまたになった枝を、グルーガンでかごに接着する。
2. かごと枝の接着した部分をカバーするように、松ぼっくりをグルーガンで接着する。

㋩ 木の実でラッピング

茎の部分が残っている木の実なら、ひもの先端に結びつけると、タッセルのようになる。

白やうすい茶の紙で包装した箱に、このひもをリボンがわりに巻く。

綿の実

綿の実

知人のつてで、ミャンマーに住むアメリカ人が持って来た茶綿の生地を買った。白い綿の実から作る綿糸は白色、茶色い綿の実からは、ベージュの糸ができる。
日本で作られている茶綿は高価だが、こちらは多分、日本の3分の1ほどの値段だろうか。糸の紡ぎ方が少しぎこちないようだが、それはそれで風合いだと思う。
ちょうど4メートル20センチあったので、帯を作ることにした。できあがった帯は糸の紡ぎがあらいぶん、少々厚ぼったい。これ、上手に締めないと力士のまわし風になっちゃうよな、気をつけないと、というビミョーな帯だ。
綿だから当然、春や夏用の帯になるのだと思っていたら、綿は冬の帯なんだと、着物をよく知る人に教えられた。まぁ、このぶ厚さ、うす物にはヘンだよね、と納得がいく。茶綿のミルクコーヒーのような色を見ると、ホッと温まる気がする。

花材：綿の実
　　　アネモネ
　　　マリモ（ガーベラ）
花器：木目もようを描いた瓶

ヘタすりゃ マワシだよね。
茶綿の帯

毛糸玉

毛糸玉

毛糸玉（クリスマス）

12月25日は、うちの猫の誕生日。同年の12月24日に生まれた及川真雪ちゃんと、姉弟のちぎりをかわしている。
毎年クリスマスイヴの日は、私があるお店でクリスマスディナーの一応シェフをしていることもあって、猫も連れていってついでに祝うことにしている。
うちのネコの元カノのオータニ、今カノのオカオ、そして心の友リューちゃんがいつも来てくれる。いやあ、幸せな猫だね、人間の姉弟やカノジョや友達がいて。
なんて話は、恐ろしいファンタジーの世界へすすんでしまいそうなので。

㋑毛糸玉のベル

—白い毛糸（細め）

—白いフェルト（厚め）

1. グラスの直径より1cmくらい大きめにフェルトを丸く切り、中心に穴をあける。

2. 紙などを芯にして、上から毛糸を巻きつけ直径1cmくらいの玉を作り、20cmほど毛糸を残しておく。

3. フェルトの穴に毛糸を通し、毛糸玉をグラスの中に入れ、ベルに見立てる。

㋺毛糸玉のツリー

—白い毛糸　：数種類

—編み針　　：3本

—竹のまち針：12本くらい

—白いフェルト（厚め）

1. 太めや細めの白い毛糸で玉を作る。毛糸玉の大きさも大小いろいろにする。

2. フェルトを長方形に切り、二つに折り曲げる。

3. 図のように穴をあけ編み針を通す。

4. 袋状になったフェルトに1をつめ、ところどころに竹のまち針を刺す。

㋩毛糸とフェルトのコンポート皿

—白い毛糸の玉

—白いフェルト（厚め）

—竹のまち針：10本

1. フェルトを2枚ずつ、同じ大きさに丸く切る。

2. 1を2枚ずつ重ねて穴をあけ、竹のまち針を刺し、あしにする。

㊁毛糸の雪だるま

—白い毛糸玉：2種類2コずつ

—竹ぐし

1. 同じ種類の毛糸玉を上下に重ね、内側から竹ぐしでとめる。

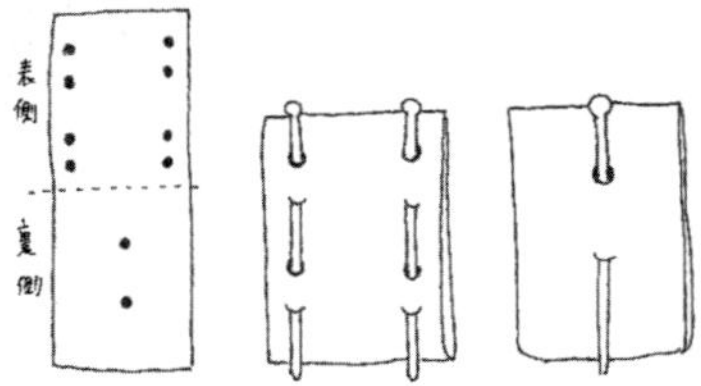

松飾り

お雑煮日和

松飾り

パリに住んでいる時、何かの料理の飾りにぎんなんの松葉刺しを使いたくなったことがあった。ぎんなんは、真空パックのものが日本の食料を扱う店で手に入る。意外に大変なのが松葉探し。パリ市内で、松の木を目にすることがほとんどなかったからだ。ぎんなんの松葉刺し、そんなものやってもやらなくてもメインの料理に何の影響もない。しかし思いこんだら猛進する気質なもんで。

12区の公園に松の木があるという話を聞きつけ、バスに乗って松葉採りに行きましたよ。

ブルターニュ地方の海岸べりには、松の木がたくさんある。気候も心なしか湿気が多い。だからなのか、日本の風景に似ているなと思うのは。

松葉は冬の間でも青々とした緑色をしている。いつまでもかわらない緑色を常盤色（ときわいろ）とかエヴァーグリーンという色名で呼んだりする。縁起がいい緑色なんでしょう。

松飾りの作り方

松葉をたばねて、三つ編みに編んだ苧麻（ちょま）の糸で結ぶ。いつまでも変わらない緑色の松葉と、これから萌えでようとする若い緑色の苧麻の組み合わせ。

―松葉、ひも、苧麻の糸

1. 松葉を束ね、一方をひもで結んだものを二組作る。
2. 1をきね型になるよう上下に合わせ、ひもでしばる。
3. 苧麻の糸を三つ編みにし、松葉の結び目に巻く。

お雑煮日和

思い出すかぎりの元旦は、いつも晴れている。自分の誕生日や旅行に出かける日、何か特別な日の朝は、晴れているほうがダンゼンうれしい。幸先いいってものでしょ。ましてや1年の始まりの日の朝ともなるとね。

1月1日は、私のお雑煮の日でもある。お雑煮が大好きで、数年前までは年がら年中食べていた。だけど食べた後の、太っただの、吹き出物ができただの、そういう自分のグチに辟易しちゃって、じゃあ、もうお雑煮はお正月だけにしましょうと決めてしまったわけ。まぁ、食べる量がハンパじゃなかったってこともあるけど。1日におもち20個とかね。

あるバーでおもちを焼いてくれるんだけど、人が食べているのを見るとそりゃあうらやましい。酔っぱらってるから食べちゃおうか、と何度か誘惑に負けそうになったが、禁を破ることはない。あまりガマンということをしないタチなので、ひとつくらい、自制する楽しみがあったっていいのかも。お正月という、出口のある禁欲ではあるけれど。

そうして迎える1月1日。福茶を飲んで、おとそをいただいて、おもちを焼き始める。今年はいくつ食べようかと考える間もなく、手が勝手におもちを網の上にのせている。おもちが焼けたらお椀に入れた上に、大晦日から用意してあった出汁に拍子切りした大根と京にんじん、ゆでておいた小松菜を加えてさっとひと煮立ちしてかけ、柚子の吸い口をそえる。

さぁ1年待ちに待ったお雑煮を目の前にすると、ちょっと拝みたいような気分になる。おめでとう、いただきます、と言うやいなや、おもちの香ばしさが浸みわたったすまし汁を吸う。この時の、すべての毛穴からお雑煮の湯気がパーッと放出されるような感覚。これってお雑煮を食べるのに慣れていたら、わからないよねって妙に冷静。そしておもちをひと口、ふた口、かみしめるごとに滋味、滋味、滋味。お雑煮を食べると、おなかの底の方から温かくなってくる。ずぼらな私がなんとか年末に磨いた窓ガラスに、お日さまがキリッと反射するのを見ると、晴れがましい1年の始まりを実感するのだ。

お雑煮レシピのいくつか

私が生まれた大阪では、丸もちで白みそ仕立てのお雑煮を食べるのがふつうだ。だけど父親が甘い食べものを好まなかったので、うちのお雑煮はかつお、昆布、とり肉で出汁をとったすまし汁のお雑煮だった。おもちは丸かったが、必ず焼いていた。大根、京にんじん、小松菜、柚子が入っていて、赤、白、緑、黄の4色が黒いお椀によくはえた。

私も甘い料理を得意としないので、自分でお雑煮を作る時は、すまし汁だ。でもある時、京都の関東屋というみそ専門店のみそ漬け用の白みそをこして使ってみると、あまり甘くない白みそ仕立てができるのを知った。以来、ごくまれに白みそ雑煮も食べる。以前、石垣島の人に八重山料理のお雑煮はどういうのですかとたずねると、お雑煮っていうのは作らないね、小さい頃から食べたことがない、という。お正月におもちはたくさんお供えするから、あとでかたくなったおもちを揚げて、さとうとしょうゆにつけて食べるのが一般的なのだそう。

料理上手の友人の奥さまに習ったお雑煮。かつおと昆布で濃いめの出汁をとり、ふきのとうのせん切りを加えて、焼いたおもちの上に注ぐ。おとそ気分をさましてくれるような、ふきのとうの苦味。これは夜、ラーメン的に食べるといいお雑煮かも。私はこれを鶏のスープにアレンジして作っている。

ふきのとうのお雑煮

—おもち（四角でも丸でも）
—ふきのとう
—骨付きの鶏肉（手羽元など）
—昆布
—淡口しょうゆ、塩、酒

1. 鍋に水をはり昆布をつけておく。
2. 1を火にかけ、沸騰したら5分くらいして昆布を出す。
3. 骨付きの鶏肉を2に入れ、アクを取りながら30分くらい煮る。
4. 淡口しょうゆ、酒、塩で加減する（少し塩味が強い方がおいしく感じられるかも）。
5. おもちを焼いて、お椀に入れる。
6. ふきのとうは切り口から赤くなっていくので、食べる直前にせん切りにして4に入れ、さっと煮て、おもちの上に注ぐ。

おもちの白さとふきのとうの淡いみどり色が、雪どけを思わせるような、お雑煮。でも味は、しっかりこってりしているので、食べごたえがある。

シノワズリー

165

シノワズリー

シノワズリー（お正月）

もう10年以上も前になるが、チノさんが北京に住んでいた時、しばし居そうろうさせてもらったことがある。彼女の部屋は長期滞在用の家具付きのホテルで、今でもよーく覚えているのが絹のふとん。

ベージュと金色の中間のあいまいな地色に、いかにも中国ですよというような梅の花の刺しゅうが全面にほどこされていた。私はナマ足で過ごしていたので、かかとが荒れていてこの絹のふとんによくひっかかったけ。

あのふとんもそうだけれど、中国趣味的（シノワズリー）なものって、どうして色づかいがもったり重くるしいのだろう。北京の町へ出ると、ほこりっぽい。ほこりっぽい空気には、軽快な色調は合わないんだろうか、とボンヤリ思ったっけ。

㋑ ミランダもよう

日本のお正月の空は澄んで、日差しによどみがなく、そうこれこれ、お正月の感じという独得の空気感がある。ちょっとすっぱくて甘い色味が似合いそうな。

—麻のコースター：4枚

—刺しゅう糸（水色やうす紫色など4色）

1. 図のようにミランダもようをコースターの角に刺しゅうする。

2. 同じ色の刺しゅう糸で組ひも風におはしをたばねる。

市原平兵衛商店の利休ばし、松村幸一作のひのき、すぎの升、桐の角皿。

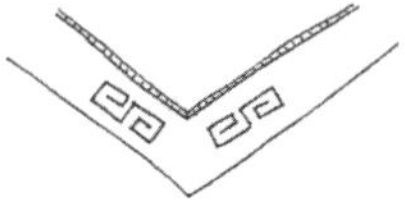

㋺ ミニチュアもち花

柳の枝に、もち粉で作ったチビもちをくっつけてもち花に。ミニチュアの花瓶に、さんごといっしょに生ける。

㋩ 寿ぽち袋

和紙を折り、いせ辰の百寿の千代紙の変わり文字を切ってはり、こよりで結んだぽち袋。

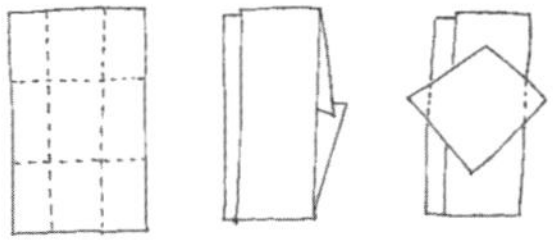

㊁ 唐子飾り

鏡もちのかわりに唐子を飾る。

1. ゆでたまごを作り、アクリルガッシュで着色する。

2. 唐子の顔を描き、へぎ盆にもる。苧麻の糸を巣のようにして敷いておくと、たまごが安定する。

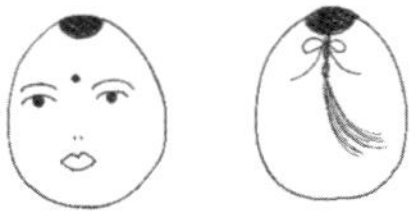

MOËT
BRUT IMPERIAL
MOËT & CHANDON
CHAMPAGNE
CAVIAR
ASTARA

DISTILLED: 1995
BOTTLED: 2001
BOURBON CASK - 239 bts.
#95-92

イ | ロ

LA MAISON DU MIEL
TILLEUL
Hero
Hero
Beurre Echiré
Babybel
boursin
CHAVROUX
COEUR DE LION
TORRES
Viña Sol
PENEDÈS
le petit Moulé
nature
kiri
kiri

機内食おせち

機内食おせち

小さな頃のお正月の印象は、やたらと食べものが多かったな、ということ。今とちがって、お店がほとんど閉まっていたからね。年末に、祖母が冬眠でもするのかと思うほどの食料を買い込んで、大晦日にせっせとおせち料理を作っていたのを覚えている。私も工作が得意だったので、花型のゆり根や松ぼっくり型のくわいなど、飾り切りを手伝った。
黒い重箱の中に、それぞれの料理が、パズルの一片一片を合わせるように並べられていく。黒豆、数の子、いくら、なます、田作り、伊達巻き、昆布巻き、お煮しめ。子供にとっては、あまりありがたい食べものじゃない。栗きんとんの甘さだけが、おいしく感じられた。
色どりも全体的にしょうゆっぽくって、紅白かまぼこの桃色と白い色、栗きんとんの黄色がとびぬけてはなやかだった。大きくなってから知ったのだけど、栗きんとんは、くちなしの実といっしょに炊くので、鮮やかな黄色になるのだそうだ。
私はおせちの内容は別として、ああいうふうにお重やお弁当箱につめられた料理、そして機内食の形態がとても好きだ。だから列車に乗る時は必ず駅弁を買うし、飛行機に乗るとどんなにまずかろうが機内食は残さない。10数年前、まだパンナム在りし日、パリからサン・フランシスコ行きに乗った。しなびきったレタスのサラダまで残さずガツガツと食べていたら、隣に座ったゆうに100キロはありそうな豊満なアメリカ女性に、私の分も食べる？ なんてたずねられちゃって。いっしょにいた友人に、恥ずかしいってたしなめられなければ、思わず手を出しそうだったもの。
機内食やお弁当は、どうして私にとってこんなに魅力的なのだろう。限られた四角、あるいは丸形の中に合うように料理が作られている、というまず形ありきのところなのかしら？私ときたらまったく正反対で、作ってしまったものを器に盛るっていうタイプなもんで。こういう整然としたものを目のあたりにすると、頭がスカッとするからなのかも。
お正月のおせち料理にあきたら、おうちで機内食もどきを作ってみると、新年の頭の交通整理よくなるかなー、なんて。

㋑ キャヴィアとシャンパン

㋺ スモークサーモンのサンドウィッチとシングルモルト

㋩ チーズと赤ワイン

㋥ 福茶

煎茶、昆布、玄米、勝栗、大豆、黒豆、梅干、山椒がミックスされている福茶。元旦の暁に飲んで、一年の幸運を。

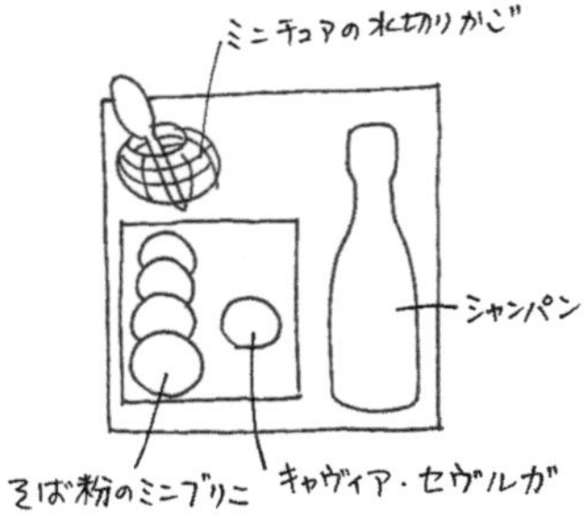

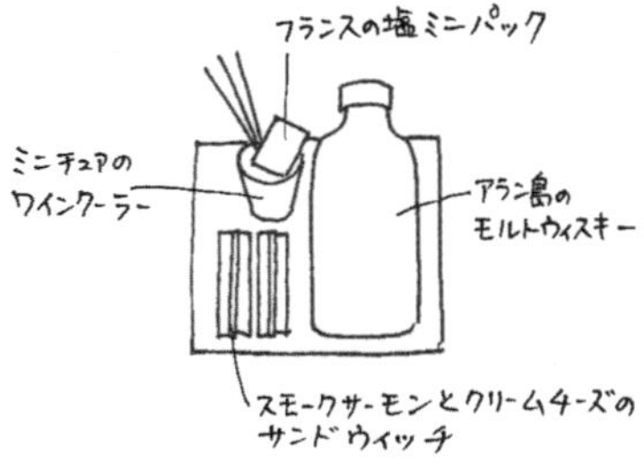

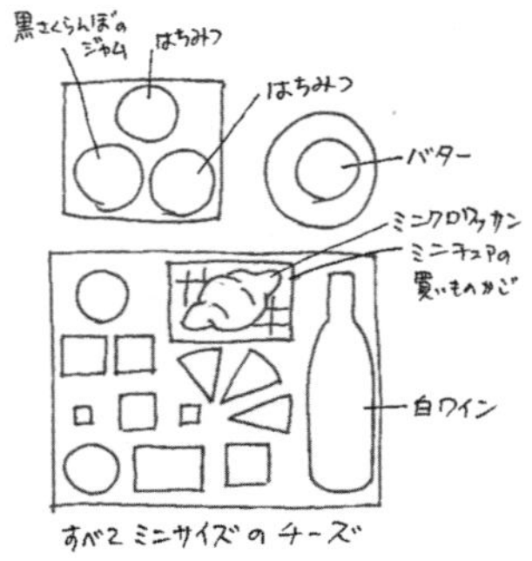

雪見

雪見

花見や月見、雪見といっちゃ酒を飲む。ようするに酒のみの風流な口実ってことでしょうか。そんな口実の中でも雪見の機会は、東京じゃめったにおとずれない。この8年ぐらいでチラホラと降ったことは何度もあるけれど、つもった記憶は3回ばかりしかない（もしかすると、もっとあるのかもしれないけれど）。

だから雪がつもると、もう異様にテンションが高くなって、新雪の上をドスドス走りまわり、足跡をつけるのに夢中になる。この様子、知らない人が見ていたら怖いだろうね。

障子のまん中より少し下の部分を引き上げると、ガラス窓になっているのが雪見障子。たたみの上に座って、ちょうど目線がガラス窓あたりにくるので、暖かい座敷から外の雪を眺める。ちょっと表から、のぞき見してみたくなるような色っぽい障子だ。私が子供の頃住んでいた祖父母の家にも、この雪見障子があった。だけど大阪は東京よりも雪が降らない土地なので、ついぞこのガラス窓から雪を眺める、ということはなかったな。でも冬の寒い日に、ストーブの前に座って食べる雪見だいふくおいしかったな、と今も思い出す。

㋑ 雪の下萌えサラダ（4人分）

つもった雪の下には、もうすぐ芽吹く新しい植物が春を待っている。大根おろしやしらすを雪に見立てて、春の野菜をおおい、食べる直前に混ぜ合わせる。

—大根　：1/3 本
—しらす　：100 g
—グリーンアスパラガス：細いもの10本
—スナックえんどう　：30 g
—絹さや　：30 g
—つくし　：10本
—柚子、すだちの果汁　：大さじ2杯
—濃口しょうゆ　：大さじ1杯
—太白ごま油　：大さじ4杯

1. アスパラガス、スナックえんどう、絹さや、つくしはそれぞれ塩ゆでしておく。
2. 柚子、すだちをしぼり、濃口しょうゆ、ごま油を混ぜドレッシングを作る。
3. 冷まして水気を切った1を器に盛り、上から全体にしらすを散らす。
4. 大根をおろし水気をしぼって、3をおおうようにする。
5. 食べる直前、2をかけて全体を混ぜ合わせる。

＊172ページ写真 © 鈴木理策

㋺ 雪餅

冬のいちばん寒い時期にしかお目にかかれない、生風庵の雪餅。まっ白な雪の玉のようなつくね芋のきんとんをフワッと割ると、うす黄色の黄身あんがのぞく。雪持ちのつばきの葉の上を、そっと指で触れるような、そんな感触のお菓子だ。

㋩ 雪だるま

直径20cmくらいの雪玉を、ふたつ作ってくっつける。目は南天の赤い実、鼻や口は木の枝をさす。首にはベアグラスの葉を巻き、手は麦の穂をさす。ミニチュアのアルミバケツを、頭にかぶせてできあがり。

モロッコ

الحديث
فرنسي - عربي
تأليف
متري الياس

モロッコ（節分）

パリに10年近く住んでいた頃、すごく食べたかったのがカステラ。日常的な日本のものならほぼ何でもそろっていたのに、カステラだけは買うことができなかった。もちろんみりんを加えたりして何度か自分でも作ってはみたが、どうもあのスポンジケーキとはまた違う、しっとり感がでなかった。だから友人がパリに来るというたび、カステラを持ってきてもらった。反対に日本にもどってみると、あちらの食べもので恋しいものがでてくる。いちばんはクスクス。フランスの家庭料理なら自分でも作れるし、もっと上等なお料理は、レストランで食べればいい。クスクスを食べられるチュニジア料理店やフランス料理店があるにはあるけれど、フラッと行ける場所でもなし。それで自分で作るようになったら、カステラの時と違ってこれがけっこうおいしい。メシュイっていう羊の丸焼きはまさか家ではできないけれど、メルゲーズという羊のソーセージは冷凍で売られているし、挽肉を使って作ることもできる。
私は時々、とあるバーでごはんを作ることがある。もちろんお客さまに出す料理だ。まァほとんど手を動かすのはバーのご主人なのだけれど、私がレシピを考える。
いつだったか、メルゲーズのクスクスという献立の晩があった。子羊の挽肉に、にんにくやハーブをまぜて焼いたソーセージ、大人気だったのだが、ほとんどの男性客にはスムールのやわやわしたかみごこちがどうも、とクスクスは不評だ。そして不人気なものは淘汰され、メルゲーズだけがマッシュポテトとセットになって、こちらの定番メニューになったのだった。

ひよこ豆もたくさん入っているし、節分の夜にどうでしょう。男の方々もう一度試してみてくださいませ。

㋑野菜のクスクス

クスクスが嫌いな男性に、どうして？　ってたずねると、あれってパサパサしてるからとか、スープはいいけど、あれお米にして欲しいとか、あれって、アワとかヒエでしょ、なんて答えが返ってきて、もうヒエーって言いそう。あれって呼ばれているのはスムール。アワでもヒエでもなくクスクス用のセモリナ粉のことだ。女の人にはクスクス好きが多いのだけどね。男の人の中には、クスクスに対する誤解が多いのかしら？　クスクスのおいしさをもっとひろめたいよ。

—チキンブイヨン　：1400cc
（固形のものでも、骨付き鶏肉でとっても）
—かぶ　：4コ
—にんじん　：2本
—セロリ　：1本
—ズッキーニ　：2本
—トマト　：4コ
—ひよこ豆（乾燥のもの）：200g
—にんにく
—パセリ

—スムール（クスクス）　：500g
—バター
—アリサ（赤唐辛子のペースト）
—塩、こしょう

1. 皮をむいたにんじん、ズッキーニ、セロリは厚めの輪切り、かぶは皮をむきくし切りにする。トマトは湯むきしておく。
2. 鍋にチキンブイヨンを入れ、にんにくを2片ほど、パセリを2本くらい糸でしばって加え、温める。
3. 湯むきにしたトマトをつぶして2に入れ、他の野菜と水でもどしたひよこ豆も加えて30分ほど煮る。
4. パセリを出し、オリーブ油を少したらし、塩、こしょうする。
5. スムールは、オリーヴ油と塩を加えた同量の湯でさっと煮て火をとめ、水分を含ませ、バターをからめる。
6. スムールの上に4のスープをかけ、アリサでスープの辛さを調整する。

㋺ モロッコのバラ

花材：バラ（ロワイヤル）
花器：モロッコのバラの化粧水の空きボトル

㋩ モスクのさとうつぼ

ガラスコップにビニールの網をかぶせ、ブレスレットをつけると、ちょっとモスクの屋根に見える？

㋺ ミントティー

クスクスの後に欠かせないのがミントティー。アリサで口びるがちょっとヒリついたら、うんと甘くしたミントティーもおいしい。

—フレッシュミントの葉
—さとう（好みで）

1. ミントの葉をよく洗ってポットに入れ、沸騰した湯を注ぐ。
2. 1～2分おいてグラスに注ぎ、ミントの葉を1枚飾る。

ミントティー用のコースターの作り方

—0.1mm厚の銅板
—ラインストーン
—金属用の接着剤

1. 銅板を直径100mmに切る。これくらいの薄さなら、ハサミで切ることができる。
2. 先のとがったもの（鉛筆やピックなど）で、銅板の裏側から丸や星型などを点描していくと、表面に模様が浮かび上がる。
3. 銅板にラインストーンをはる。

丸かぶり

イ　ロ　ハ　ニ

豆まき

丸かぶり

年をとってくると、縁起かつぎしちゃうんです、けっこう。節分なんて招福、招福で大忙し。
まず招き猫を買う。毎年のことだから、もう豆つぶのようなミニチュアのを買うんだけど。
それから巻ずし1本丸かぶり。これってもともと関西の習慣だったんだけど、最近じゃ、全国的に知られるようになった。
私は青山にあるすし萬という大阪ずしの店で、招福ずしを買ってくる。これをご近所の小暮家に持って行く。まりちゃんもやって来る。今年の恵方はどちらかなと方向を定めて、みんなで無言でむしゃむしゃ巻きずしほおばる姿、そうとう喜劇的なはずだ。へんな顔なんだろうな。食べ終わった瞬間には、大爆笑がおこるから。
そして豆まき。巻きずし1本食べたあと、とても年の数だけの豆は食べれません。

㋑ お多福豆

空豆の別名お多福豆。お多福さんの輪かくに似ているから。

—京粘土
—綿
—和紙（うすいもの）
—アクリルガッシュ

1. 京粘土でお多福豆の形を作り、乾燥させる。
2. 1に黄緑色のアクリルガッシュで全体を着色し、中心に赤い丸を描く。
3. 和紙を細く切り、手でよってこよりを作る。
4. 綿でお多福豆を包んで、こよりで結ぶ。

㋺ 招き猫

陶器のミニチュア三宝の上に、生のお多福豆を座ぶとんがわりにし、ミニチュアの招き猫を飾る。

㋩ 丸かぶりとお多福のすり流し（4人分）

—お多福豆：200g
—出汁　　：600cc
—淡口しょうゆ、塩

1. 昆布とかつお節で出汁をとる。
2. お多福はさやから出して、皮のまま1の出汁で30分煮る。
3. 2をミキサーにかけ、これをこし器を通して鍋にもどす。
4. 淡口しょうゆ、塩で味つけする。

㊁ 温野菜サラダ

サラダの材料を飾ってみる。

—ひなのかぶ

—くわい

—リーキ

—お多福豆

—固形のチキンブイヨン

1. ひなのかぶはよく洗って皮つきのまま、3〜4cmの長さに切る。リーキも3〜4cmの長さに切る。くわいは皮をむく。お多福豆をゆでて、皮をむいておく。

2. 鍋に固形のチキンブイヨンでスープを作り、リーキ20分、くわい15分、ひなのかぶ5分、お多福豆2分ずつ煮る。リーキを最初に入れ、あとの材料を逆算して足していくと便利。

3. 皿に盛って、塩こしょうをする。好みでマスタードも。

豆まき

2月4日の朝刊の料理欄に、残った豆まきの豆を使ったごはん、というレシピがあった。豆を少しふやかして、昆布と塩としらすといっしょに炊くのだそうだ。

豆まきの豆、捨てるにはなんだかもったいない気がするし、酒のつまみにするくらいかなと思っていたら、いいアイデアいただきました。来年は作ってみよう。

ふうき豆

山田家の白露ふうき豆は、青えんどうのお菓子。といっても甘さがかなりひかえめなので、冷蔵庫で少し冷やすとコニャックやバーボンのおつまみにもなる。

升は松村幸一作。

イロハニ季語かるた

ニ ニルバーナに
はすの花

へ へなちょこに
ひょうたん

ト とんぼの目玉
ガラス玉

ネ 猫も恋すりゃ
春がくる

ナ ナマ足
始めました

ウ 梅にうぐいす
桜に毛虫

ア 上がる気温
下げるすだれ

シ 情熱の花
パッションフラワー

ヒ ひねしょうがひね芸者
新しょうがまいこさん

モ 餅食えば
冬ぶとり

㋑ いっきに吹く風
春一番

㋺ ロジックふむ
夏のロマンス

㋩ 春はぼた餅
秋おはぎ

㋥ ニルバーナに
はすの花

㋭ ほっとする
ホットチョコレート

㋬ へなちょこに
ひょうたん

㋣ とんぼの目玉
ガラス玉

㋠ チューする
天の川

㋷ りすのほっぺ
りんごのほっぺ

㋦ ヌーヴォーな
赤ワイン

㋸ ルーチンくずす
寝正月

㋾ おかわりかんぱい
花冷えの夜

㋻ ワラワラわらび
ツクツクつくし

㋕ 蚊帳の中で
あやしいふたり

㋵ 読初(よみぞめ)で
もう読みさし

㋟ 玉の汗
草いきれ

㋹ れんげ草に
菜種梅雨

㋞ そっとふむ
初雪

㋡ 月見に焼酎
きぬかつぎ

㋧ 猫も恋すりゃ
春がくる

㋤ ナマ足
始めました

㋶ ラム酒に
すいか

㋰ 蒸し蒸ししずめる
虫の声

㋒ 梅にうぐいす
桜に毛虫

㋑ 色気に眠気で
春さかり

㋨ 野ばらうたう
秋の野原

㋔ 大晦日に
窓ふき

㋗ クスクス食べて
福笑い

㋳ 柳の新芽
愛でる

㋮ 豆数えるは
はたちまで

㋘ 啓蟄に
ニョロリ虫

㋫ 不眠の文月
熱帯夜

㋙ 紅葉は
細胞液濃度の高揚

㋓ エイプリルフールに
出る本音

㋢ 定点観測
秋は水引き初夏はつゆ草

㋐ 上がる気温
下げるすだれ

㋚ 三寒四温と
春のリズム

㋖ 黄色い島にんじん
うす紫は花だいこん

㋴ 雪見に熱かん
花見にぬるかん

㋱ めんそーれうりずん
春が来た

㋯ 水ぬるんで
歯みがき楽し

㋛ 情熱の花
パッションフラワー

㋓ エロスと
ボーナス

㋪ ひねしょうがひね芸者
新しょうがまいこさん

㋲ 餅食えば
冬ぶとり

㋝ せり摘み
鴨鍋

㋜ 杉にハックション
ぶた草にクシュン

お買い物リスト

菓子

- 佗助つばき（銀座風月堂／東京都中央区銀座6-6-1　Tel.03-3571-5000）
  P.15 つばき
- 葉巻チョコ（カフェレル／神戸市中央区71山本ビルB1F　Tel.078-331-7416）
  P.19 チョコレート色
- 桃まんじゅう（小洞天／東京都千代田区有楽町1-11-1読売会館B1F
  Tel.03-3213-0056）P.34 桃の節句
- マカロン（シェ・シーマ本店／東京都千代田九段南4-5-14）P.39 花まつり
- 桜の金平糖（緑寿堂清水／京都市左京区吉田和泉殿町38-2
  Tel.075-771-0755）P.42 さくら
- いちごショートケーキ（近江屋洋菓子店 神田店／東京都千代田区神田
  淡路町2-4　Tel.03-3251-1088）P.67 いちご
- 蓮小餅（たねや／滋賀県近江八幡市上田町84　Tel.0120-800-144）
  P.87 はすの葉、P.107 氷の器
- 水ようかん（茶の湯菓子 源太／東京都新宿区百人町2-5-5　Tel.03-3368-0826）
  P.106 水ようかん
- 月見団子（末富／京都市下京区松原通室町東入ル　Tel.075-351-0808）
  P.122 月見団子
- 春日の豆（植村義次／京都市中京区丸太町通烏丸西入ル　Tel.075-231-5028）
  P.139 秋の色
- バウムクーヘン・トゥルム（ユーハイム本店／神戸市中央区本郷4-7-1
  Tel.078-333-6868／店舗案内　Tel.0120-860-816）　P.143 木目もよう
- 雪餅（生風庵／京都市北区下総町16　Tel.075-441-5694　要予約）P.175 雪見
- 白露ふうき豆（山田家／山形県山形市本町1-7-30　Tel.023-622-6998）
  P.183 豆まき

調味料・豆腐

- 金山寺みそ（郡司味噌漬物店／東京都台東区鳥越1-14-2　Tel.03-3851-1783）
  P.83 七夕
- みそ／郡司玄米完熟みそ（郡司味噌漬物店／東京都台東区鳥越1-14-2
  Tel.03-3851-1783）P.26 ふきのとう・こごみ、P.90 ひょうたん
- 白みそ、みそ漬け用みそ（関東屋／京都市中央区御幸町夷川上ル
  Tel.075-231-1728）P.163 お雑煮日和
- 淡口しょうゆ／紫大尽（大久保醸造店／長野県松本市大字里山辺2889
  Tel.0263-32-3154）P.43 花見むすび、P.99 トマト、P.127 十五夜、
  P.163 お雑煮日和、P.182 丸かぶり
- 濃口しょうゆ／手づくりしょうゆ（角長／和歌山県有田郡湯浅町湯浅7
  Tel.0737-62-2035）P.75 梅雨冷え、P.94 新しょうが、P.175 雪見
- 酢／千鳥酢（村山造酢株式会社／京都市東山区三条大橋東3-2
  Tel.075-761-3151）
  P.15 つばき、P.94 新しょうが、P.127 十五夜、P.139 秋の色
- 九鬼太白ごま油（九鬼産業株式会社本社工場／三重県四日市市尾上町11
  Tel.0593-53-2271）
  P.26 ふきのとう・こごみ、P.43 花見むすび、P.75 梅雨冷え、P.175 雪見
- みりん／本みりん（白扇酒造株式会社／岐阜県加茂郡川辺町中川辺28
  Tel.0574-43-3835）
  P.26 ふきのとう・こごみ、P.43 花見むすび、P.90 ひょうたん
- 梅丹の梅酢（株式会社梅丹本舗／大阪府摂津市学園町1-1-26
  Tel.0726-37-5677）P.71 若夏
- 豆腐／只管豆腐（もぎ豆腐店株式会社／埼玉県本庄市寿3-2-21
  Tel.0495-22-2331）
  近喜豆腐（近喜本店／京都市下京区西木屋町通四条下ル船頭町202
  Tel.075-344-6001）P.43 花見むすび、P.75 梅雨冷え

野菜ほか食料品

- ラブパスタ（ミナト商会／東京都港区麻布十番1-5-30　Tel.0120-76-6867）
P.23 ハートのかたち
- 沖縄食材（わしたショップ／沖縄県物産公社　Tel.0120-48-4488）P.71 若夏
- 福茶（中野屋商店／東京都杉並区荻窪2-33-7　Tel.03-3391-2871）
P.171 機内食おせち
- クスクス（アルカン／東京都中央区日本橋蛎殻町1-5-6 盛田ビルディング
Tel.03-3664-6551）P.179 モロッコ
- アリサ（アルカン／東京都中央区日本橋蛎殻町1-5-6 盛田ビルディング
Tel.03-3664-6551）P.179 モロッコ
- 招福巻き（すし萬大阪本店／大阪市中央区高麗橋4-5-11　Tel.06-6231-1520）
P.182 丸かぶり
- 野菜（ベジタブル石橋／東京都中央区築地4-10-1　Tel.03-3545-1538）
（東急フードショー／東京都渋谷区渋谷2-24-1 東急東横店B1F　Tel.03-3477-3111代表）
（ナショナル麻布スーパーマーケット／東京都港区南麻布4-5-2　Tel.03-3442-3181）
（ぐるめパラダイスfor you 京ベジ屋　Tel.03-3519-6531 http://kyo-yasai.com/）
- 酒（田中屋／東京都豊島区目白3-4-14　Tel.03-3953-8888）

食器・道具

- 杉本立夫（大吉／京都市中京区寺町通り二条下ル　Tel.075-231-2446）
P.15 つばき、P.47 すみれ、P.75 梅雨冷え、P.90 ひょうたん
- アラール・ド・ヴィラット（H.P.DECO／東京都渋谷区神宮前5-2-11
Tel.03-3406-0313）P.15 つばき
- クリスチアーヌ・ペロション（ギャラリー・ワッツ／東京都港区南青山5-4-44
ラポール南青山103　Tel.03-3499-2662）P.15 つばき
- 加藤委（サボア・ヴィーブル／東京都港区六本木5-17-1 AXIS 3F
Tel.03-3585-7365）P.31 ひしもちの色
- 赤木明登（桃居／東京都港区西麻布2-25-13　Tel.03-3797-4494）
P.43 花見むすび、P.47 すみれ
- 三谷龍二（桃居／東京都港区西麻布2-25-13　Tel.03-3797-4494）
P.47 すみれ、P.143 木目もよう
- 鳥獣戯画（京都五条坂のいくつかの陶磁器店で見つけることができる）
P.127 十五夜
- 市原兵衛商店（京都市下京区堺町通四条下ル小石町118-1
Tel.075-341-3831）P.127 十五夜、P.139 秋の色、P.167 シノワズリー
- 松村幸一（秦山堂／京都市中京区寺町二条東入ル榎木町97 1F
Tel.075-213-0355） P.167 シノワズリー、P.183 豆まき
- ル・クルーゼ（ル・クルーゼジャポン／Tel.03-3585-0197）
P.19 チョコレート色
- バカラ（バカラショップ丸の内店／Tel.03-5223-8868）
P.55 若緑色、P.159 毛糸玉

工作道具・材料

- いせ辰（谷中本店／東京都台東区谷中2-18-9　Tel.03-3823-1453）P.167 シノワズリー
- 東急ハンズ（渋谷店／東京都渋谷区宇田川町12-18　Tel.03-5489-5111 代表）
- 世界堂（新宿本店／東京都新宿区新宿3-1-1世界堂ビル　Tel.03-5379-1111）

いろいろ

- 夢の島熱帯植物館（東京都江東区夢の島3-2　Tel.03-3522-0281）
P.86 はすの葉
- こっか〜ら（沖縄県石垣市大川839-1　Tel.0980-88-8150）P.71 若夏
- 木村屋（東京都港区南青山5-4-25　Tel.03-3407-1475）P.134 ハロウィン

今、『空中庭園』という映画の撮影をしているまっ最中。
ベランダの植物やテーブルの花を生けるのを担当している。
セットの中はものすごく暑いから、植物もつだろうかとハラハラしているが、
アロエや時計草、ブーゲンヴィリア、ハイビスカスなどの南国のものは、
照明光を太陽だと思っているのか日々元気で、次々と花を咲かせたりしている。
ある場面で白いチューリップを使いたいとのカントクからの指示があったが、
4月下旬の現時点でさえ東京では手に入れるのが難しく、
撮影日にあたる5月にはもっと大変だろうと説明した。
しかし、どうしても白いチューリップということなので、
いろいろな人にお願いして探してもらったら、東北地方などちょうど今咲いているし、
北海道はこれからだという、うれしい返答があった。
そう、日本ってながーいから、いろんなものの旬が地方によってちがってくるんだな、
とあらためて感じた次第。
そら豆だって、今のように年中食べられなかった頃の、
南の人と北の人のそら豆の記憶ってビミョーにずれているんでしょうね。
この本を作るのにたずさわってくれたすべての人と、
買っていただいたすべての人に感謝をこめて。

私のいちばん好きな4月
猪本典子

イロハニ歳時記

著者　猪本典子（文・写真・イラスト）

発行日　2004年7月23日　初版第一刷

アートディレクション&デザイン　ナガクラトモヒコ

デザイン　八島明子

製作進行　守屋その子

編集　大嶺洋子、今成彩

発行人　孫家邦

発行所　株式会社リトル・モア

〒107-0062東京都港区南青山3-3-24

TEL 03-3401-1042　FAX 03-3401-1052

http://www.littlemore.co.jp

印刷・製本　図書印刷株式会社

ⓒ Inomoto Noriko / Little more 2004

『FIGARO japon』2001年12月号～2003年8月号に発表した写真を含みます。

Printed in Japan

ISBN 4-89815-119-1 C0077